Charly Till

AUFSTRICHE AUS DEM Monsieur Cuisine

Die besten 75 Rezepte – herzhaft und süß

riva

Unabhängig recherchiert, nicht vom Hersteller beeinflusst

Bibliografische Information der Deutschen Nationalbibliothek
Die Deutsche Nationalbibliothek verzeichnet diese Publikation in der Deutschen Nationalbibliografie. Detaillierte bibliografische Daten sind im Internet über http://d-nb.de abrufbar.

Für Fragen und Anregungen
info@rivaverlag.de

Wichtiger Hinweis
Sämtliche Inhalte dieses Buches wurden – auf Basis von Quellen, die der Autor und der Verlag für vertrauenswürdig erachten – nach bestem Wissen und Gewissen recherchiert und sorgfältig geprüft. Alle Rezepte in diesem Buch wurden für den Silvercrest® Monsieur Cuisine connect entwickelt und mit diesem getestet. Wenn Sie den Silvercrest® Monsieur Cuisine édition plus verwenden, beachten Sie bitte, dass dieser eine Füllmenge von 2,2 Liter statt 3 Liter hat. Daher dürfen Sie die Rezepte aus diesem Buch nur mit dem Monsieur Cuisine édition plus nachkochen, wenn die Mengen angepasst werden. Der Verlag und die Autorin haften für keine nachteiligen Auswirkungen, die in einem direkten oder indirekten Zusammenhang mit den Informationen stehen, die in diesem Buch enthalten sind. Silvercrest® und Monsieur Cuisine connect sind eingetragene Warenzeichen der Lidl Stiftung & Co. KG. Diese Publikation ist kein offizielles Lizenzprodukt der Lidl Stiftung & Co. KG.

Ausschließlich zum Zweck der besseren Lesbarkeit wurde auf eine genderspezifische Schreibweise sowie eine Mehrfachbezeichnung verzichtet. Alle personenbezogenen Bezeichnungen sind somit geschlechtsneutral zu verstehen.

Originalausgabe
1. Auflage 2022

Türkenstraße 89
80799 München
Tel.: 089 651285-0
Fax: 089 652096

Umschlaggestaltung: Sonja Vallant
Umschlagabbildungen: Shutterstock.com: Alexander Prokopenko; stockcreations; Tatiana Vorona; Timolina
Satz: inpunkt[w]o, Haiger (www.inpunktwo.de)
Druck: Florjancic Tisk d.o.o., Slowenien
Printed in the EU

ISBN Print 978-3-7423-1981-4
ISBN E-Book (PDF) 978-3-7453-1720-6
ISBN E-Book (EPUB, Mobi) 978-3-7453-1721-3

Inhalt

Basics **9**
Selbst gemachte Butter 10
Chilipaste 11
Tahini-Sesampaste 12
Knoblauchpaste 14

Vegetarisch und vegan **15**
Kokos-Minze-Ingwer-Paste 15
Paprika-Parmesan-Tomaten-Creme 16
Cashewfrischkäse 16
Pastinako 17
Rote-Bete-Hummus 18
Auberginen-Creme 19
Bruschetta 20
Famoser Gemüseaufstrich 21
Vegetarische Leberwurst 22
Guacamole 23
Pilzcreme mit Pinienkernen 24
Linsenpaté 25
Röstpaprika-Creme mit Kichererbsen 26

Frischkäse, Joghurt und Quark **27**
Walnuss-Paprika-Aufstrich 27
Kartoffelaufstrich 28
Mexikanischer Käse-Aufstrich 29
Gorgonzola-Aufstrich 30
Paprika-Meerrettich-Aufstrich 31

Frischkäse-Kräuter-Creme 32
Kleiner Teufel 33
Aufstrich Liptauer Art 34
Bayerischer Obatzter 35
Eiercreme 36
Meerrettich-Frischkäse 37
Schinkenquark 38

Fleisch und Wurst 39
Belgischer Brotaufstrich 39
Bacon Jam 40
Wurstaufstrich mit Mais 41
Kalbsleberwurst 42
Chicken-Curry-Aufstrich 44
Teewurst 45
Schmalzfleischtöpfle 46
Geflügelleberpaté mit Aprikosen 48

Fisch 49
Räucherforellencreme 49
Flusskrebs-Zitronen-Pastete 50
Thunfisch-Avocado-Creme 51
Lachsaufstrich 52
Makrelen-Meerrettich-Creme 53
Surimi mit Birne 54
Garnelenpaste 55
Sardellen-Knoblauch-Butter 56
Garnelen-Mango-Aufstrich 57
Lachs-Krabben-Mousse 58

Süßes für Schleckermäuler 59
Coconut-Dream 59
Erdnuss-Schoko-Honig-Aufstrich 60
Einfache Karamellcreme 61
Studentenfutter-Aufstrich 62
Dattel-Maroni-Creme 63
Schoko küsst Mandel 63
Pistazien-Kokos-Butter 64
Maronibutter 65
Schnelle Schokocreme 66

Butter, Fruchtbutter und Nussbutter **67**
Zitronen-Mandel-Butter 67
Erdnussbutter 68
Cashewbutter 69
Mandelbutter 70
Zitronen-Passionsfrucht-Butter mit Thymian 72
Apfelbutter 73
Bärlauchbutter 74
Chili-Koriander-Butter 75
Sesambutter 76
Knoblauchbutter 77
Rotwein-Zwiebel-Butter 78

Fünf-Sekunden-Stufe-Fünf-Aufstriche: Extrafix! **79**
Ein Käse steht im Walde 79
Kokosnuss-Avocado-Aufstrich 80
Mapama-Aufstrich (Mango-Paprika-Mascarpone) 81
Mandarinen-Frischkäse 82
Scharfe Dattel 82
Guko-Aufstrich 83
Red Sonja 84
Schokofee-Aufstrich 85
Espresso on tour 86
Quark liebt Honig 87
Schafskäse-Allerlei 88

Brot **89**
Kastenweißbrot 90
Brötchen 91
Dinkelbaguettes 92
Eiweißbrot 93
Rosmarin-Ciabatta 94

Vorwort

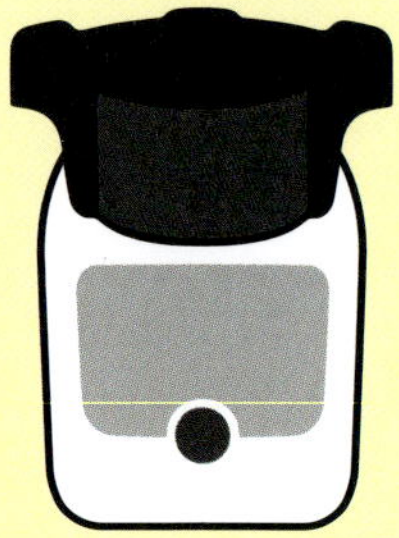

Mal ganz ehrlich: Gibt es etwas Besseres als eine Stulle für den Hunger zwischendurch? Und die am besten mit einem von unseren selbst gemixten Aufstrichen! Egal, ob mit Käse, vegetarisch, mit Fleisch, Wurst, Fisch oder ausgefallen für Schleckermäuler – eines haben sie alle gemeinsam: Sie sind schnell gemacht, preiswert und schmecken supergut.
Lassen Sie die Supermarktregale mit den ewig gleichen eintönigen Brotaufstrichen in der Minipackung mit vielen Zusatzstoffen links liegen. Fernsehabend mit Fertigpizza oder Lieferservice – vergessen Sie das. Besser, Sie stellen sich schnell an Ihren Monsieur Cuisine Connect und mischen sich etwas Leckeres zusammen. Ab in eine Schüssel, und schon haben Sie einen köstlichen Dip – vielleicht noch selbst gebackenes Brot dazu, fertig! Ein Grillabend mit Freunden? Was passt da besser als ein paar Aufstriche, die schmecken auch als Dip zum Fleisch. Sonntagmorgenfrühstück mit dem Partner? Mit einer feinen Karamellcreme beginnt der Tag gleich noch mal schöner. Und als Krönung das »Untendrunter«: duftendes, frisches, selbst gebackenes Brot ohne künstliche Zutaten und Geschmacksverstärker – einfach herrlich! Ganz ehrlich, wer sein Brot einmal selbst gebacken hat, wird nur mehr schwer davon abzubringen sein. Und Variationen gibt es viele – einfach ein paar Gewürze dazugeben, die Form verändern, unterschiedliche Mehle verwenden ...
Jetzt aber los: Ran an den Mixer!

Ihr
Charly Till

Verwendete Abkürzungen

In den angegebenen Rezepten werden folgende Kürzel und Begriffe verwendet

MC	Monsieuer Cuisine Connect (gemeint ist dabei der Mixbehälter)
MB	Messbecher (durchsichtiger Innendeckel zum Abdecken und Abmessen) Inhalt 1 MB = 100 ml, ½ MB = 50 ml (gekennzeichnet mit einem Rand)
Mixbehälter	Koch- und Mixbehälter des Monsieur Cuisine Connect
Stufe …	Rührstufe (Drehgeschwindigkeit)
Linkslauf	Schalter zum Umstellen von Zerkleinern (Mixen, Pürieren) auf Vermischen (Aufschlagen, Verrühren)
Spateln	Die Verwendung eines Küchenspatels, mit dem Zerkleinertes im Mixbehälter nach unten geschoben wird, wird der Einfachheit halber als »Spateln« bezeichnet

Tipps für den Umgang mit dem Monsieur Cuisine

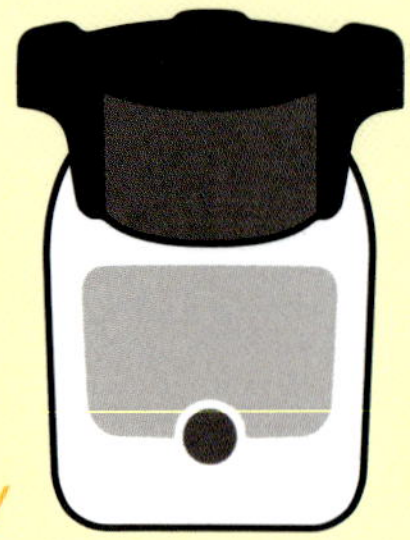

1. Allererstes Gebot: Mixbehälter und Deckel nach der Benutzung sofort auswaschen!
2. Die eingebaute Waage ist nicht immer ganz genau. Wenn die exakte Menge besonders wichtig ist (z. B. zum Abwiegen von Gewürzen oder für Backwaren) oder es um Mengen unter 5 g geht, empfehle ich eine externe Digitalwaage.
3. Klebrige Teigreste oder fettige Speisereste entfernt man am einfachsten, indem man erst die Reste **10 Sek./Stufe 10/mit MB** herausschleudert. Wenn das noch nicht reicht, wiegt man 1000 g Wasser ein und mixt **30 Sek./Stufe 10/mit MB**. Dann 4 Tropfen Spülmittel sowie 1 l Wasser in den Mixbehälter füllen und diesen **4 Min./60 °C/Stufe 5–6** rühren lassen. Wenn Schaum hochsteigt, auf Stufe 2 reduzieren. Meist ist der Mixbehälter dann auch schon sauber und muss nur nachgespült und getrocknet werden.
4. Kochzeiten können ebenso wie Rührzeiten variieren: Da wir mit Naturprodukten hantieren, haben diese zum Beispiel einen unterschiedlichen Wasser-, Zucker- oder Stärkegehalt. Also kann es durchaus vorkommen, dass Gerichte entweder ein wenig kürzer oder auch länger gekocht/gerührt werden müssen.
5. Den Messbecher immer in Reichweite legen, die Anschaffung eines zweiten ist nicht teuer und lohnt sich.
6. Wird Backpapier zum Auslegen von Formen (z. B. beim Schmalzfleischtöpfle von Seite 44 und Eiweißbrot von Seite 92) verwendet, dann vorher anfeuchten, es lässt sich so besser in Form bringen.
7. Unliebsame Gerüche entfernen:
8. Besonders der Geruch von Knoblauch, Zwiebeln, Kohl und Fisch ist recht hartnäckig. Um ihn zu beseitigen, gibt man einen kräftigen Schuss Essigessenz mit 3 Tropfen Spülmittel und 700 g Wasser in den Mixbehälter und lässt ihn **10 Min./80 °C/Stufe 4/mit MB** laufen. Dann gründlich ausspülen.
9. Eine gute Methode zum Trocknen und zum Neutralisieren von Gerüchen: ⅓ Tasse Kaffeebohnen in den Mixbehälter geben und **1 Min./Stufe 10/mit MB** mahlen.

Basics

Viele Aufstriche sind vielseitig verwendbar, nicht nur einfach auf Brot: zu rohem oder gedünstetem Gemüse, gegrilltem, gebratenem oder kaltem Fleisch und ebenso zu Krustentieren.

Am besten werden die Aufstriche im Kühlschrank in verschließbaren Dosen aufbewahrt. Sie halten sich dann 3–5 Tage, im Sommer evtl. auch etwas kürzer. Zum Einfüllen der Aufstriche ist ein Marmeladentrichter hilfreich. Der ist schön breit, und die Masse gelangt ohne Kleckern dorthin, wo sie hin soll.

Wird Knoblauch verwendet, sollten Sie Knollen aus Deutschland, Frankreich, Spanien, Italien oder Ungarn solchen aus China vorziehen. Bekommt er schon grüne Triebe, ist er für die Pasten nicht mehr geeignet.

Auch Zwiebeln sollten immer frisch sein. Alte Zwiebeln, die schon austreiben, schmecken nicht mehr wirklich gut und können Blähungen verursachen.

Für einige Aufstriche verwenden wir vorbereitete Basis-Pasten. Sie sind ideal zum schnellen Würzen und einfach nur lecker – sogar »solo« auf dem Brot!

Selbst gemachte Butter

ZUTATEN FÜR 120 G BUTTER, 200 G BUTTERMILCH

400 g Schlagsahne, gekühlt
1 Prise Salz
1 TL Zitronensaft

1. Mixbehälter mit kaltem Wasser kühlen. Rühraufsatz auf das Messer stecken.
2. Sahne, Salz und Zitronensaft in den Mixbehälter geben und erst **2 Min./Stufe 4/mit MB** rühren, spateln, dann **3 Min./Stufe 4/mit MB** mixen.
3. Buttermilch abschütten, kalt stellen und bald genießen, schmeckt sehr lecker.
4. Mit dem Spatel die Butter in doppelt gelegtes Butterbrotpapier streichen. Über der Spüle zusammenkneten, überschüssiges Wasser wird somit ausgepresst.
5. Butter zu einer Rolle formen und kalt stellen. Am besten bald verbrauchen (wird eh nicht alt, wenn Sie sie erst einmal probiert haben).

Tipp: Für Kräuterbutter ganz einfach noch gehackte Kräuter mit dem Spatel in die Butter rühren, Masse auf Klarsichtfolie bringen, einrollen, zu einer Wurst formen und dann in den Kühlschrank stellen.

Chilipaste

ZUTATEN FÜR CA. 250 G
80 g Chilimischung (frische Chilis)
150 g Sonnenblumenöl
1 TL Salz

1. Chilis putzen, waschen und Kerne entfernen (wer es nicht extrem scharf haben will). Evtl. Handschuhe als Schutz verwenden.
2. Die Chilis dann in den Mixbehälter geben, **10 Sek./Stufe 5/mit MB** rühren, dann spateln, wiederholen.
3. Öl und Salz zugeben, **40 Min./80 °C/Stufe 2/Linkslauf/ohne MB** erhitzen.
4. Paste in kleine Gläser füllen und kühl lagern. Hält sich mehrere Monate.

Tipp: Chilipaste kann überall dort eingesetzt werden, wo auch Knoblauchpaste verwendet wird. Allerdings nur, wenn man es scharf mag.

Tahini-Sesampaste

ZUTATEN FÜR 300 G
250 g Sesam
80 g Sesamöl
½ TL Salz

1. Sesamkörner 3–5 Minuten in einer Pfanne ohne Fett bei etwa 160 °C rösten, mit einem Kochlöffel rühren, bis die Sesamkörner dunkler werden und zu duften beginnen. Vorsicht, die Körner springen in der Pfanne umher!
2. Den gerösteten, abgekühlten Sesam in den Mixbehälter umfüllen und **10 Sek./Stufe 7/mit MB** hacken und spateln, **10 Sek./Stufe 7/mit MB** wiederholen.
3. Das Sesamöl zugeben, **10 Sek./Stufe 7/ohne MB** mischen.
4. Zur Konservierung das Salz dazugeben, **15 Sek./Stufe 7 /ohne MB** mischen bzw. so lange, bis die gewünschte Konsistenz erreicht ist (zwischendurch alles mit dem Spatel nach unten schieben).
5. Paste in ein verschließbares Glas füllen, im Kühlschrank lagern und zeitnah verwenden.
6. Für eine längere Lagerung muss die Paste immer mit Sonnenblumenöl bedeckt sein.

Tipp: Die Tahini-Paste kommt z. B. bei der klassischen Hummuszubereitung zum Einsatz sowie beim Kochen von Currys und Eintöpfen, schmeckt aber auch pur als Dip oder auf Brot.

Knoblauchpaste

ZUTATEN FÜR CA. 250 G
4 frische Knoblauchknollen
120 g Sonnenblumenöl
½–1 TL Salz

1. Den Rühraufsatz aufstecken.
2. Von den Knoblauchknollen oben und unten Stielansatz und Wurzel abschneiden, dann die einzelnen Knoblauchzehen in den Mixbehälter geben und **30 Sek./Stufe 4/mit MB** rühren.
3. Die Knoblauchzehen auf ein Holzbrett schütten und die schon abgelöste Knoblauchhaut ganz entfernen. Die Haut lässt sich nun gut abziehen.
4. Die geschälten Zehen in den Mixbehälter geben, Sonnenblumenöl und Salz dazugeben, **5 Sek./Stufe 5/mit MB** rühren und spateln, wiederholen.
5. Dann alles **40 Min./80 °C/Stufe 1/ Linkslauf/ohne MB** erhitzen.
6. Paste in Schraubgläser füllen.
7. Haltbarkeit: im Kühlschrank ca. 2 Monate. Die Knoblauchhäcksel müssen immer mit Öl bedeckt sein, bei Bedarf etwas nachfüllen.

Tipp: Die leckere Knoblauchpaste kann für viele Aufstriche eingesetzt werden, und man spart so viel Zeit, weil man nicht mehr eigens Knoblauchzehen schälen muss. Da Olivenöl beim Kochen grünlich wird und dann bitter schmeckt, verwende ich lieber Sonnenblumen- oder Erdnussöl. Nach der Zubereitung den Mixbehälter gründlich vom Knoblauchgeruch befreien: 1000 g Wasser mit 10 Tropfen gutem Spülmittel 10 Min./Stufe 4/mit MB rühren. Mit klarem Wasser gut nachspülen, Vorgang evtl. wiederholen.

Vegetarisch und vegan

Kokos-Minze-Ingwer-Paste

ZUTATEN FÜR 250 G
1 kleines Bund frische Minze
10 g Ingwer
1 EL Limettensaft
200 g Kokosflocken
400 ml Kokosmilch
1 TL brauner Zucker
¼ TL Chilipulver

1. Minze waschen, trocken schütteln, Blätter abzupfen, grob zerschneiden und in den Mixbehälter geben.
2. Ingwer schälen, in Stücke schneiden. Mit dem Limettensaft in den Mixbehälter geben, alles **5 Sek./Stufe 5/mit MB** hacken.
3. Kokosflocken, Kokosmilch, Zucker und Chilipulver zugeben und alles **15 Sek./Stufe 6/mit MB** mixen.
4. Paste in verschließbare Dosen oder Gläser füllen.

Paprika-Parmesan-Tomaten-Creme

ZUTATEN FÜR 500 G
200 g Parmesan
200 g rote Paprikaschoten
125 g getrocknete Tomaten
50 g Aceto Balsamico
4 EL Knoblauchpaste (siehe Seite 14) oder
3 EL Chilipaste (siehe Seite 11)
50 g Olivenöl
1 TL Honig
¼ TL Salz
¼ TL Pfeffer

1. Den Parmesan in 2 cm große Würfel schneiden und in den Mixbehälter geben, **5 Sek./Stufe 10/mit MB** hacken, spateln, dann **5 Sek./Stufe 7/mit MB** mahlen.
2. Paprika putzen, waschen und in Stücke schneiden.
3. Paprika und die restlichen Zutaten zum Parmesan geben, **10 Sek./Stufe 6/mit MB** mixen, spateln, danach **10 Sek/Stufe 5/mit MB** rühren.
4. Paste in verschließbare Dosen oder Gläser füllen.

Tipp: Schmeckt besonders auf Weißbrot sehr fein. Im Kühlschrank aufbewahrt hält die Paste bis zu 1 Woche. Nach einem Tag schmeckt die Creme noch besser.

Cashewfrischkäse

ZUTATEN FÜR 350 G
250 g Cashewkerne
100 g Banane
150 g Kokosmilch
2 TL Zitronensaft

1. Cashewkerne im Mixbehälter **5 Sek./Stufe 10/mit MB** hacken.
2. Banane schälen, in Stücke schneiden.
3. Banane, Kokosmilch und Zitronensaft zu den Cashewkernen geben und alles **10 Sek./ Stufe 7/mit MB** mixen, nach Belieben spateln und Vorgang wiederholen.
4. Paste in verschließbare Dosen oder Gläser füllen.

Pastinako

ZUTATEN FÜR 500 G

75 g Sonnenblumenkerne
30 g Sonnenblumenöl
400 g Pastinaken
100 g Paprikaschoten
100 g Zwiebel
1 EL Knoblauchpaste (siehe Seite 14)
1 EL Tomatenmark
1 EL Zitronensaft
½ TL Salz
1 TL Pfeffer

1. Sonnenblumenkerne und Sonnenblumenöl im Mixbehälter **9 Min./130 °C/Stufe 1/ohne MB** rösten. Anschließend **10 Sek./Stufe 6/mit MB** mahlen.
2. Pastinaken waschen, schälen, in Stücke schneiden.
3. Paprika putzen und waschen. Zwiebel schälen und beides grob in Stücke schneiden.
4. Vorbereitetes Gemüse mit der Knoblauchpaste, dem Tomatenmark, Zitronensaft, Salz und Pfeffer in den Mixbehälter geben und **10 Sek./Stufe 6/mit MB** mischen, spateln. Dann **9 Min./130 °C/Stufe 1/mit MB** kochen.
5. Creme in verschließbare Dosen oder Gläser füllen und abgekühlt servieren.

Tipp: Die Paste schmeckt auch gut mit etwas Chili- oder Paprikapulver, Thymian, Smoked Curry oder Curry verfeinert. Wer es schärfer mag, gibt etwas von der Chilipaste (siehe Seite 11) dazu.

Rote-Bete-Hummus

ZUTATEN FÜR 250 G

1 Glas Kichererbsen (Abtropfgewicht 220 g)
100 g gekochte Rote Bete
10 g Ingwer
1 EL Tahini-Sesampaste (siehe Seite 12)
1 EL Zitronensaft
1 EL Knoblauchpaste (siehe Seite 14)
¼ TL Kreuzkümmel
1 Prise Chilipulver
½ TL Salz
¼ TL Pfeffer
1 EL Zucker
1 EL Sonnenblumen- oder Olivenöl
1 TL Sesam
evtl. frische Kräuter zum Bestreuen

Variante:
1 EL Korianderblätter mit den anderen Zutaten hacken

1. Kichererbsen durch ein Sieb abgießen, mit Wasser abspülen, abtropfen lassen und dann in den Mixbehälter geben.
2. Rote Bete klein würfeln, ebenfalls in den Mixbehälter füllen.
3. Ingwer schälen und klein schneiden. Mit den restlichen Zutaten (abgesehen von Öl und Sesam) zugeben und alles **5 Sek./Stufe 8/mit MB** hacken. Spateln und Vorgang wiederholen.
4. Paste in verschließbare Dosen oder Gläser füllen.
5. Vor dem Servieren etwas Öl, frische Kräuter und Sesamsamen über die Paste streuen.

Tipp: Die Creme passt besonders gut zu hellen Brotsorten, Sesamstangen und Fladenbrot. Im Kühlschrank ist sie 3–4 Tage haltbar. Wird sie am Vortag zubereitet und kann etwas durchziehen, schmeckt sie noch besser.

Auberginen-Creme

ZUTATEN FÜR 500 G

2 Auberginen
4 Knoblauchzehen
125 g getrocknete Tomaten
1 EL Knoblauchpaste (siehe Seite 14)
200 g Schafskäse
150 g griechischer Joghurt
1 TL getrockneter Oregano
1 TL getrockneter Thymian
½ TL Kräutersalz
¼ TL Pfeffer

1. Backofen auf 200 °C Ober-/Unterhitze vorheizen.
2. Auberginen putzen, waschen, halbieren und mit einer Gabel mehrmals einstechen.
3. Knoblauch schälen, in Scheiben schneiden. Ein Backblech mit Backpapier belegen, die Knoblauchscheiben darauf verteilen. Die Auberginenhälften mit der Schnittseite nach unten auf den Knoblauch legen. Blech in den vorgeheizten Ofen schieben und Auberginen 45 Minuten weich garen.
4. Die getrockneten Tomaten und die Knoblauchpaste in den Mixbehälter geben, **5 Sek./Stufe 5/mit MB** hacken, spateln, Vorgang wiederholen.
5. Die Auberginen aus dem Backofen nehmen und etwas auskühlen lassen. Mit einem Esslöffel dann das Auberginenfleisch aus der Schale kratzen und in den Mixbehälter geben.
6. Schafskäse würfeln und mit den restlichen Zutaten in den Mixbehälter geben und **5 Sek./Stufe 5/mit MB** cremig mixen.
7. Paste in verschließbare Dosen oder Gläser füllen und im Kühlschrank mindestens 1 Stunde lang durchziehen lassen.

Bruschetta

ZUTATEN FÜR 400 G

50 g Parmesan
2 Zwiebeln
1 EL Knoblauchpaste (siehe Seite 14)
500 g aromatische Tomaten
20 Blätter Basilikum
30 g Olivenöl
½ TL Salz
1 Prise Pfeffer
4 Oliven (ohne Stein)

1. Parmesan im Mixbehälter **5 Sek./Stufe 5/mit MB** mahlen, spateln, evtl. wiederholen, dann in eine Schüssel umfüllen.
2. Zwiebeln schälen, vierteln und mit der Knoblauchpaste in den Mixbehälter geben, **5 Sek./Stufe 5/mit MB** hacken, spateln und Vorgang wiederholen.
3. Tomaten waschen, halbieren, Stielansatz entfernen und Kerne mit einem Löffel herausheben. Fruchtfleisch in den Mixbehälter geben.
4. Basilikum waschen, trocken schütteln und die Hälfte mit einer Schere klein schneiden und dazugeben.
5. Olivenöl, Parmesan, Salz und Pfeffer zugeben, alles **5 Sek./Stufe 5/mit MB** hacken. Oliven in Scheiben schneiden und mit dem Spatel unterrühren.
6. Tomatengemisch auf geröstete Brotscheiben geben und mit dem restlichen Basilikum garniert sofort verzehren oder in ein Schraubglas füllen und in den Kühlschrank stellen. Nicht länger als 2 Tage aufbewahren.

Tipp: Wenn der Tomatenbelag noch zu viel Flüssigkeit enthält, diese vorsichtig (evtl. durch ein Sieb) abgießen. Erst dann abfüllen oder für die Bruschetta auf geröstetes Brot geben. Schmeckt besonders gut in Kombination mit Guacamole (siehe Seite 23).

Famoser Gemüseaufstrich

ZUTATEN FÜR 400 G

60 g gemischte Kerne
2 EL Sonnenblumenöl
150 g Zwiebeln
1 TL Tomatenmark
230 g Möhren und Erbsen im Glas
3–4 Stängel Petersilie
1 EL Zitronensaft
1 Prise Chilipulver
¼ TL Salz

1. Die gemischten Kerne und das Sonnenblumenöl im Mixbehälter **5 Min./130 °C/Stufe 1/ohne MB** anrösten, dann in eine Schüssel umfüllen.
2. Die Zwiebeln schälen und vierteln, im Mixbehälter **5 Sek./Stufe 5/mit MB** hacken, spateln, dann **5 Min./130 °C/Stufe 1/ohne MB** andünsten.
3. Die gerösteten Kerne und das Tomatenmark dazugeben und alles **5 Min./130 °C/Stufe 1/ohne MB** dünsten.
4. Das Möhren-Erbsen-Gemüse durch ein Sieb abgießen, abtropfen lassen und in den Mixbehälter geben.
5. Petersilie waschen, trocken schütteln, mit einer Schere klein schneiden und mit den restlichen Zutaten zugeben. Alles **5 Sek./Stufe 5/mit MB** mixen, abschmecken.
6. Aufstrich in verschließbare Dosen oder Gläser füllen.

Vegetarische Leberwurst

ZUTATEN FÜR CA. 400 G

100 g Grünkern
150 g Zwiebeln
1 EL Knoblauchpaste (siehe Seite 14)
100 g weiche Butter
1 TL Räuchersalz
1 TL getrockneter Majoran
½ TL getrockneter Thymian
1 TL Gemüsebrühpulver
½ Würfel Frischhefe, 21 g
½ TL Pfeffer
20 g Zitronensaft
2 MB Wasser

Vegane Variante:
Butter gegen 100 g Kokosfett austauschen

1. Den Grünkern in den Mixbehälter geben und **10 Sek./Stufe 10/mit MB** hacken, 2–3-mal wiederholen, in eine Schüsssel umfüllen.
2. Zwiebeln schälen, vierteln und mit der Knoblauchpaste in den Mixbehälter geben, **5 Sek./Stufe 6/mit MB** hacken, spateln.
3. Die Butter zugeben und **10 Min./130 °C/Stufe 1/ohne MB** garen.
4. Den gemahlenen Grünkern, Räuchersalz, Majoran, Thymian, Gemüsebrühpulver, Hefe, Pfeffer, Zitronensaft und Wasser zugeben. Nochmals **5 Min./Stufe 2/130 °C/ohne MB** kochen.
5. Masse 10 Minuten lang im Mixbehälter quellen lassen.
6. Danach **10 Sek./Stufe 3/ohne MB** mischen, abschmecken.
7. Den Aufstrich in verschließbare Dosen oder Gläser füllen und in den Kühlschrank stellen.

Tipp: Wer Zwiebeln und Knoblauch nicht so stark angedünstet mag, kann sie auch nur 5 Min./130 °C/Stufe 1/ohne MB garen. Aufstrich im Kühlschrank einige Stunden ziehen lassen. Schmeckt besonders lecker mit Koriandergrün zu unserem selbst gebackenen Kastenweißbrot (siehe Seite 90).

Guacamole

ZUTATEN FÜR 400 G
4 Avocados (entkernt 400 g)
1 TL Salz
2 TL brauner Zucker
10 g Knoblauchpaste (siehe Seite 14)
40 g Olivenöl
30 g Zitronensaft

Varianten:
50 g Zwiebelstücke mithacken
50 g Tomatenstücke untermischen
1 EL Chilipaste (siehe Seite 11) zugeben

1. Die Avocados längs halbieren, Kerne entfernen. Fruchtfleisch mit einem Löffel aus der Schale heben und mit den restlichen Zutaten im Mixbehälter **5 Sek./Stufe 5/mit MB** mixen, evtl. spateln und wiederholen.
2. Guacamole schmeckt am besten frisch, lagert man sie länger, verfärbt sie sich unschön.

Tipp: Ideal als Dip zu Tortilla-Chips und Grillfleisch oder gegrilltem Gemüse.

Pilzcreme mit Pinienkernen

ZUTATEN FÜR 300 G
250 g braune Champignons
1 Zwiebel
50 g Sonnenblumenöl
100 g Pinienkerne
Pfeffer
Salz
etwas frischer Schnittlauch

1. Die Champignons mit einer Bürste säubern, Stielansatz herausdrehen (wird nicht verarbeitet). Zwiebel schälen, vierteln und beides in den Mixbehälter geben, **5 Sek./Stufe 5/mit MB** hacken.
2. Sonnenblumenöl zuschütten und **18 Min./130 °C/ Stufe 1/ohne MB** rühren.
3. Pinienkerne zugeben, alles **5 Sek./Stufe 5/mit MB** mixen.
4. Creme nach Geschmack salzen und pfeffern, in ein verschließbares Glas füllen und im Kühlschrank durchziehen lassen.
5. Schnittlauch waschen, trocken schütteln und in feine Röllchen schneiden. Brote mit dem Aufstrich bestreichen und mit Schnittlauch bestreuen.

Linsenpaté

ZUTATEN FÜR 400 G

120 g Linsen
50 g Zwiebel
1 Knoblauchzehe
50 g Butter
1 kleine Pastinake (60 g)
1 TL Gemüsebrühpulver hefefrei oder Gemüsegrundstock
1 MB Wasser
1 EL frische Kräuter (Petersilie, Basilikum, Liebstöckel)
1 kleiner Zweig Rosmarin
1 TL Paprikapulver
1 Prise Pfeffer

1. Linsen über Nacht oder mindestens 6 Stunden in einer Schüssel mit 1 l warmem Wasser einweichen. Dann durch ein Sieb abgießen.
2. Zwiebel und Knoblauch schälen, Zwiebel vierteln. Beides im Mixbehälter **5 Sek./Stufe 5/mit MB** hacken. Butter zugeben und alles **5 Min./130 °C/Stufe 1/ohne MB** dünsten.
3. Pastinake putzen, schälen, klein würfeln. Mit dem Gemüsebrühpulver, dem Wasser und den abgetropften Linsen in den Mixbehälter geben. **10 Min./100 °C/Stufe 1/mit MB** kochen.
4. Kräuter waschen, trocken schütteln, hacken, mit dem klein geschnittenen Rosmarin, Paprikapulver und Pfeffer zugeben und alles **5 Sek./Stufe 7/mit MB** pürieren, spateln und Vorgang wiederholen.
5. Paste in verschließbare Dosen oder Gläser füllen.

Tipp: Wer sich mit der braunen Farbe der Linsen und dementsprechend auch des Aufstrichs so gar nicht anfreunden kann, nimmt einfach gelbe oder rote Linsen.
Auch geräuchertes Paprikapulver (Piménton de la Vera) passt gut in diesen Aufstrich, dann aber besser nur ½ TL davon verwenden.

Röstpaprika-Creme mit Kichererbsen

ZUTATEN FÜR 700 G

800 g rote Paprikaschoten
100 g Zwiebel
2 Knoblauchzehen
30 g Olivenöl
100 g Cocktailtomaten
100 g Kichererbsen im Glas
100 g Schafskäse
1 EL frischer Koriander
1 Prise getrockneter Thymian
5 schwarze Oliven
1 TL Tahini-Sesampaste (siehe Seite 12)
1 TL Paprikapulver
1 Prise geräuchertes Paprikapulver, wenn vorhanden (Piménton de la Vera)
½ TL Pfeffer
1 Prise Chilipulver
½ TL Meersalz

1. Backofen auf 220 °C Ober-/Unterhitze vorheizen.
2. Paprika waschen, halbieren, Kerne und Zwischenhäute entfernen.
3. Ein Backblech mit Backpapier belegen, die Paprikahälften mit der Haut nach oben daraufsetzen und für 40–50 Minuten in den Backofen schieben. Die Haut soll geröstet sein, also zwar dunkel, aber nicht komplett schwarz werden. Paprika aus dem Ofen nehmen und am besten mit einem feuchten Tuch abgedeckt etwas abkühlen lassen, bis man sie schmerzfrei anfassen kann. Dann die Haut abziehen.
4. Zwiebel und Knoblauch schälen, Zwiebel vierteln. Beides im Mixbehälter **5 Sek./Stufe 5/mit MB** hacken und spateln. Olivenöl zugeben und alles **5 Min./130 °C/Stufe 1/ohne MB** dünsten.
5. Cocktailtomaten waschen, halbieren. Kichererbsen in ein Sieb abgießen, mit Wasser abspülen und abtropfen lassen. Schafskäse in Stücke schneiden. Koriander waschen, trocken schütteln und hacken.
6. Tomaten, Kichererbsen, Schafskäse, Koriander und die restlichen Zutaten in den Mixbehälter schütten, die abgezogenen Paprika zugeben und alles **5 Sek./Stufe 7/mit MB** hacken. Spateln und Vorgang wiederholen.
7. Creme in verschließbare Dosen oder Gläser abfüllen. Hält sich im Kühlschrank 3 Tage.

Frischkäse, Joghurt und Quark

Walnuss-Paprika-Aufstrich

ZUTATEN FÜR 300 G
50 g Walnüsse
150 g Paprikaschoten
30 g Sonnenblumenöl (alternativ Walnussöl)
150 g Frischkäse
1 TL Paprikapulver
1 TL Knoblauchpaste (siehe Seite 14)
½ TL Kräutersalz
¼ TL Pfeffer

1. Die Walnüsse in den Mixbehälter geben und **5 Sek./Stufe 5/mit MB** hacken, spateln, Vorgang wiederholen und Nüsse in eine Schüssel umfüllen.
2. Die Paprika waschen, vierteln, putzen, in den Mixbehälter geben und **2 Sek./Stufe 5/mit MB** hacken, spateln. Öl zugeben und Gemüse **10 Min./Dampfgarstufe/Linkslauf/Stufe 3/ohne MB** dünsten.
3. Frischkäse, gehackte Walnüsse, Paprikapulver, Knoblauchpaste, Kräutersalz und Pfeffer zugeben und **5 Sek./Stufe 5/mit MB** mischen.

Kartoffelaufstrich

ZUTATEN FÜR 600 G

500 g mehligkochende Kartoffeln
700 g Wasser
1 TL Gemüsebrühpulver, hefefrei oder Gemüsegrundstock
1 Rosmarinzweig
3 Schalotten
150 g Sahne
100 g Schmand
2 TL Paprikapulver
1 TL Knoblauchpaste (siehe Seite 14) oder Chilipaste (siehe Seite 11)
¼ TL Kräutersalz
¼ TL Pfeffer
¼ TL Muskat
1 Prise Salz
10 g Zitronensaft

1. Die Kartoffeln waschen, halbieren und in den Kocheinsatz geben. In den Mixbehälter einsetzen.
2. Wasser, Gemüsebrühpulver und Rosmarinzweig einfüllen und Kartoffeln **25 Min./Dampfgarstufe/Stufe 1 mit MB** kochen.
3. Die Kartoffeln nach 25 Minuten anstechen, ob sie weich sind, evtl. nochmals 5 Minuten nachgaren. Dann aus dem Topf nehmen, abkühlen lassen und über Nacht in den Kühlschrank stellen.
4. Schalotten schälen, vierteln, in den Mixbehälter geben und **5 Sek./Stufe 5/mit MB** hacken, Vorgang evtl. wiederholen.
5. Die kalten Kartoffeln schälen und zugeben.
6. Sahne, Schmand und Gewürze zugeben und **10 Sek/Stufe 4/mit MB** hacken, dann spateln. Je nachdem, welche Konsistenz gewünscht wird, Vorgang evtl. wiederholen. Der Aufstrich soll cremig sein.
7. Nach Geschmack mit Salz, Pfeffer und Zitronensaft nachwürzen.
8. Aufstrich im Kühlschrank mehrere Stunden lang durchziehen lassen.

Tipp: Schmeckt nicht nur als Brotaufstrich, sondern auch zu Grillfleisch und Würstchen. Serviert auf Brot mit frischen Kräutern und Tomaten ist er besonders lecker.

Mexikanischer Käse-Aufstrich

ZUTATEN FÜR 400 G
15 g grüne Chilischoten
70 g Zwiebel
1 TL Knoblauchpaste (siehe Seite 14)
1 TL frischer Koriander
50 g Bier
1 TL Paprikapulver
140 g Cheddar
200 g Schmand
Salz
Pfeffer

1. Chilis putzen und waschen. Wer es nicht so scharf mag, sollte die Chilis zudem entkernen. Zwiebel schälen und vierteln.
2. Die Chilis mit der Zwiebel in den Mixbehälter geben und **5 Sek./Stufe 5/mit MB** hacken, dann spateln, evtl. wiederholen.
3. Knoblauchpaste zugeben und **10 Min./130 °C/Stufe 1/ohne MB** dünsten.
4. Koriander waschen, trocken schütteln und hacken.
5. Bier und Paprikapulver zugeben und **5 Min./130 °C/Stufe 1/ohne MB** kochen.
6. Cheddar klein schneiden, mit dem Schmand in den Mixbehälter geben, **5 Min./95 °C/Stufe 1/ohne MB** rühren, mit Koriander, Salz und Pfeffer abschmecken. Mixbehälter sofort abwaschen empfohlen.

Gorgonzola-Aufstrich

ZUTATEN FÜR 350 G
50 g Lauchzwiebeln
250 g Speisequark (20 % Fett)
175 g Gorgonzola
½ TL Kräutersalz
¼ TL Pfeffer
etwas Petersilie
2 TL gehackte Walnüsse

1. Lauchzwiebeln putzen, waschen und in dünne Scheiben aufschneiden. Mit dem Quark, Gorgonzola, Kräutersalz und Pfeffer in den Mixbehälter geben, dann **3 Sek./Stufe 5/mit MB** rühren.
2. Petersilie waschen trocken schütteln und fein schneiden.
3. Aufstrich aus dem Mixbehälter in eine Schüssel umfüllen, ein paar Stunden im Kühlschrank durchziehen lassen.
4. Mit den Walnüssen und Petersilie bestreut servieren.

Paprika-Meerrettich-Aufstrich

ZUTATEN FÜR 250 G

1 kleine rote Paprikaschote (90 g)
2 EL frischer Meerrettich
1 TL Tabasco
250 g Speisequark (20 % Fett)
½ TL Salz
½ TL Pfeffer
etwas frischer Schnittlauch

1. Paprika waschen, vierteln, putzen. Meerrettich reiben. Beides mit dem Tabasco in den Mixbehälter geben.
2. **5 Sek./Stufe 5/mit MB** hacken und spateln, evtl. wiederholen.
3. Speisequark, Salz und Pfeffer zugeben, **3 Sek./Stufe 5/mit MB** mixen.
4. Aufstrich in eine Schüssel umfüllen und ein paar Stunden im Kühlschrank durchziehen lassen.
5. Schnittlauch waschen, trocken schütteln und in feine Röllchen schneiden. Vor dem Servieren Aufstrich mit Schnittlauch bestreuen.

Frischkäse-Kräuter-Creme

ZUTATEN FÜR 380 G
1 TL Knoblauchpaste (siehe Seite 14)
400 g Frischkäse
1 TL getrocknetes Basilikum
1 TL getrockneter Thymian
¼ TL Salz
¼ TL Pfeffer
1 TL frische Kräuter

Variante:
Wer es scharf mag, gibt 1 TL Chilipaste (siehe Seite 11) dazu

1. Alle Zutaten bis auf die frischen Kräuter in den Mixbehälter geben und **5 Sek./Stufe 4/ mit MB** mixen, dann spateln und nochmals **3 Sek./Stufe 5/mit MB** rühren.
2. Kräuter waschen, trocken schütteln und fein hacken. Creme mit Kräutern bestreut servieren.

Kleiner Teufel

ZUTATEN FÜR 200 G

10 frische Minzblätter
oder 1 EL frischer Schnittlauch
250 g Quark (20 % Fett)
2 EL Knoblauchpaste (siehe Seite 14)
1–2 EL Chilipaste (siehe Seite 11)
30 g Olivenöl
¼ TL Kräutersalz
1 Msp. Pfeffer

1. Minze oder Schnittlauch waschen, trocken schütteln und klein schneiden.
2. Alle Zutaten außer Salz und Pfeffer in den Mixbehälter geben, **5 Sek./Stufe 5/mit MB** mischen und spateln.
3. Aufstrich mit Salz und Pfeffer würzen, dann nochmals **5 Sek./Stufe 3/mit MB** mischen.

Aufstrich Liptauer Art

ZUTATEN FÜR 300 G

250 g Speisequark (20 % Fett)
100 g Frischkäse
1 EL mittelscharfer Senf
2 TL Paprikapulver
1 TL Knoblauchpaste (siehe Seite 14)
1 TL Kümmel
½ TL Kräutersalz
¼ TL Pfeffer

1. Alle Zutaten in den Mixbehälter geben und **3 Sek./Stufe 5/mit MB** mischen, dann spateln und evtl. wiederholen.
2. Aufstrich in eine Schüssel füllen und zugedeckt 1 Stunde im Kühlschrank ziehen lassen.

Tipp: Zum Garnieren Zwiebelringe, frische Gurkenwürfel, Gewürzgurken, Paprikastreifen, Kapern oder etwas Sardellenpaste verwenden. Schmeckt besonders auf dunklem Brot.

Bayerischer Obatzter

ZUTATEN FÜR CA. 500 G

40 g Schalotten
½ TL Kreuzkümmel oder Kümmel
125 g weiche Süßrahmbutter
50 g Sahne
30 g Bier (Export oder Weißbier)
200 g Camembert
½ TL Kräutersalz
½ TL Paprikapulver
¼ TL schwarzer Pfeffer
1 kleine Zwiebel
1 Lauchzwiebel
1 kleine Paprikaschote

1. Die Schalotten schälen, vierteln, mit dem Kreuzkümmel im Mixbehälter **5 Sek./Stufe 5/mit MB** hacken und spateln.
2. Butter in Stücken und Sahne zugeben, **10 Sek./Stufe 5/mit MB** mixen.
3. Bier, Camembert in Stücken, Kräutersalz, Paprikapulver und Pfeffer durch die Deckelöffnung zugeben, dann **50 Sek./Stufe 5/mit MB** hacken, spateln, wiederholen.
4. Obatzter in eine Schüssel umfüllen und 3 Stunden abgedeckt im Kühlschrank ziehen lassen.
5. Zwiebel schälen und in feine Ringe schneiden. Lauchzwiebel und Paprika putzen und waschen. Frühlingszwiebel in feine Ringe und Paprika in Streifen schneiden.
6. Obatzter mit Zwiebel, Frühlingszwiebel und Paprika garniert servieren. Innerhalb von 2 Tagen aufbrauchen.

Eiercreme

ZUTATEN FÜR 350 G

50 g Parmesan, gewürfelt
1 Zwiebel
4 Eier (Größe M), hartgekocht und geschält
60 g fettreduzierte Mayonnaise
1 TL mittelscharfer Senf
½ TL Salz
¼ TL Pfeffer
Schalenabrieb von ½ Bio-Zitrone
etwas frischer Schnittlauch

1. Parmesan im Mixbehälter **15 Sek./Stufe 5/mit MB** hacken, dann in eine Schüssel umfüllen.
2. Zwiebel schälen, vierteln, zusammen mit den Eiern in den Mixbehälter geben und **10 Sek./Stufe 5/mit MB** hacken und spateln.
3. Den Parmesan mit den restlichen Zutaten bis auf den Schnittlauch zugeben und alles **5 Sek./Stufe 3/mit MB** mischen.
4. Creme in eine Schüssel umfüllen, abdecken und 3 Stunden im Kühlschrank ziehen lassen.
5. Schnittlauch waschen, trocken schütteln, in feine Röllchen schneiden und den Aufstrich vor dem Servieren damit bestreuen.

Meerrettich-Frischkäse

ZUTATEN FÜR 250 G
50 g frischer Meerrettich
250 g Frischkäse
1 Prise Salz
1 Prise weißer Pfeffer
1 Spritzer Zitronensaft

1. Meerrettich schälen, in Stücke schneiden und im Mixbehälter **5 Sek./Stufe 10/mit MB** hacken, spateln, wiederholen. Vorsicht beim Öffnen, riecht sehr scharf!
2. Frischkäse sowie Salz, Pfeffer und Zitronensaft zugeben und alles **5 Sek./Stufe 4/mit MB** mischen, spateln, wiederholen.
3. Innerhalb von 3 Tagen verbrauchen.

Tipp: Schmeckt besonders gut als Brotbelag mit Radieschen, Gurke, Karotte, Tomaten und frischen Kräutern darauf. Passt aber auch sehr gut zu Räucherfisch wie Lachs und Forelle.

Schinkenquark

ZUTATEN FÜR 500 G
200 g gekochter Schinken, in Stücken
100 g Zwiebeln
3 Knoblauchzehen
250 g Speisequark (20 % Fett)
¼ TL Pfeffer
¼ TL getrockneter Majoran
Salz

1. Schinken im Mixbehälter **3 Sek./Stufe 5/mit MB** hacken, in eine Schüssel umfüllen.
2. Zwiebeln und Knoblauch schälen, Zwiebel vierteln. Beides im Mixbehälter **5 Sek./Stufe 5/mit MB** hacken, spateln und erneut **3 Sek./Stufe 3/mit MB** hacken.
3. Quark, Pfeffer und Majoran zugeben und **5 Sek./Stufe 5/mit MB** mischen, spateln, evtl. wiederholen. Nach Geschmack salzen und servieren.

Fleisch und Wurst

Belgischer Brotaufstrich

ZUTATEN FÜR 350 G

250 g gemischtes Hackfleisch
1 TL Gemüsebrühpulver, hefefrei
80 g Fleischfond oder Wasser
80 g rote Paprikaschote
50 g Zwiebeln
1 EL Knoblauchpaste (siehe Seite 14) und/oder Chilipaste (siehe Seite 11)
½ TL Salz
¼ TL Pfeffer

1. Hackfleisch, Gemüsebrühpulver und Fleischfond oder Wasser im Mixbehälter **20 Min./90 °C/ Linkslauf/Stufe 1/mit MB** köcheln. Nach 5 Minuten kurz öffnen und kontrollieren, ob das Hackfleisch nicht mehr zusammenklebt, sonst mit dem Spatel vom Messer lösen.
2. Nach der Kochzeit das überschüssige Wasser abgießen, das Fleisch in eine Schüssel umfüllen und auskühlen lassen. Mixbehälter reinigen.
3. Paprika waschen, vierteln, putzen. Zwiebeln schälen, vierteln. Beides mit der Knoblauchpaste (evtl. Chilipaste), Salz und Pfeffer in den Mixbehälter geben, **10 Sek./Stufe 5/mit MB** hacken und spateln.
4. Dann das Hackfleisch wieder zufügen und alles **5 Sek./Stufe 4/mit MB** durchmischen.

Bacon Jam

ZUTATEN FÜR 300 G
300 g Zwiebeln
30 g Sonnenblumenöl
125 g Räucherspeckwürfel
40 g Ahornsirup
30 g Aceto Balsamico
1 TL Zitronensaft
1 Prise Pfeffer
1 Prise Kräutersalz
1 TL Paprikapulver
1 TL Curry
etwas frische Petersilie zum Garnieren nach Belieben

1. Zwiebeln schälen, vierteln, im Mixbehälter **5 Sek./Stufe 5/mit MB** hacken, spateln.
2. Sonnenblumenöl und Räucherspeckwürfel zugeben und **10 Min./130 °C/Stufe 1/ohne MB** braten, nach 5 Minuten mit dem Spatel durchmischen.
3. Restliche Zutaten zugeben und **15 Sek./Stufe 3/Linkslauf/mit MB** vermengen.
4. In eine Schüssel oder Dose umfüllen und auskühlen lassen. Nach Wunsch mit etwas Petersilie servieren.
5. Hält sich im Kühlschrank mehrere Tage lang.

Wurstaufstrich mit Mais

ZUTATEN FÜR 450 G

200 g Gemüsezwiebeln
130 g Mais (Dose)
1 EL frischer Schnittlauch
½ TL Paprikapulver
150 g Geflügelwurst
1 TL Senf
½ TL Kräutersalz
¼ TL Pfeffer

1. Zwiebeln schälen, halbieren und mit dem abgetropften Mais in den Mixbehälter schütten. **5 Sek./Stufe 5/mit MB** hacken, spateln, wiederholen.
2. Schnittlauch waschen, trocken schütteln, klein schneiden und mit den restlichen Zutaten in den Mixbehälter geben, **10 Sek./Stufe 5/mit MB** zerkleinern, spateln, nach Wunsch Vorgang wiederholen.
3. Aufstrich in eine Schüssel füllen und zugedeckt im Kühlschrank 2 Stunden ruhen lassen.

Tipp: Schmeckt wunderbar zu Brezen und Weißbrot.

Kalbsleberwurst

ZUTATEN FÜR CA. 600G

300g mageres Schweine- oder Kalbfleisch (z. B. aus dem Filet)
250g Kalbsleber
120g Butter
½TL getrockneter Thymian
½TL getrockneter Oregano
2TL Knoblauchpaste (siehe Seite 14) (oder 1 fein gehackte Knoblauchzehe)
100g Räucherspeckwürfel
75g Sahne
Salz
Pfeffer
1 Zweig frischer Rosmarin

1. Schweine- oder Kalbfleisch und Kalbsleber abwaschen und fein würfeln.
2. Butter in den Mixbehälter geben und **1 Min./80°C/Stufe 2/ohne MB** schmelzen lassen. Fleisch und Leber sowie Thymian, Oregano und Knoblauchpaste zugeben, dann alles **15 Min./100°C/Stufe 1/ohne MB** braten.
3. Räucherspeck zufügen, nochmals **5 Min./100°C/Stufe 1/ohne MB** braten. Danach **15 Sek./Stufe 5/mit MB** hacken, spateln, wiederholen.
4. Sahne angießen, **20 Sek./Stufe 7/mit MB** mixen. Mit Salz und Pfeffer nach Geschmack würzen, dann alles **1 Min./Stufe 10/mit MB** fein pürieren (siehe auch Tipp). In eine Form umschütten.
5. Rosmarin waschen, trocken schütteln und Nadeln abzupfen. Leberwurst mit den Rosmarinnadeln belegen, mit Frischhaltefolie gut bedecken und einige Stunden im Kühlschrank fest werden lassen. Hält sich etwa 5 Tage.

Tipp: Wer noch mehr Rauchgeschmack haben möchte, fügt einige Tropfen Liquid Smoke hinzu und mischt diese gut unter.
Je nachdem, wie fein man die Leberwurst mag, kann man sie länger oder auch kürzer pürieren.

Chicken-Curry-Aufstrich

ZUTATEN FÜR 400 G
100 g frische oder Dosen-Ananas
200 g gekochtes Hühnchenfleisch (z. B. Reste eines Grillhähnchens)
100 g Maroni (geschält und gekocht)
50 g Joghurt (10 % Fett)
1 TL Curry
¼ TL Kräutersalz
¼ TL Pfeffer

1. Frische Ananas schälen, harten Strunk entfernen und Fruchtfleisch in Stücken im Mixbehälter **5 Sek./Stufe 5/mit MB** hacken, spateln, evtl. wiederholen bzw. Dosen-Ananas abtropfen lassen und im Mixbehälter **5 Sek./Stufe 5/mit MB** hacken, spateln, evtl. wiederholen.
2. Hühnchenfleisch klein schneiden, zugeben.
3. Alle restlichen Zutaten zugeben und das Ganze **15 Sek./Stufe 5/mit MB** mixen.
4. Aufstrich in eine Schüssel füllen, zugedeckt im Kühlschrank gut durchkühlen lassen.

Tipp: Schmeckt gut in Kombination mit Rucola.

Teewurst

ZUTATEN FÜR 400 G

140 g Lachsschinken
50 g magere Rauchschinkenwürfel
150 g Butter
100 g Frischkäse
1 Prise Paprikapulver
½ TL Pfeffer
1 Prise Salz

1. Lachsschinken in Streifen schneiden, mit den Rauchschinkenwürfeln in den Mixbehälter geben, **10 Sek./Stufe 10/mit MB** hacken., spateln, wiederholen.
2. Butter, Frischkäse, Paprikapulver, Pfeffer und Salz zugeben und **5 Sek./Stufe 4/mit MB** mischen.

Tipp: Brötchen in Scheiben schneiden, mit der Teewurst bestreichen und mit Schnittlauchröllchen bestreut servieren.

Schmalzfleischtöpfle

ZUTATEN FÜR 450 G
100 g Zwiebeln
80 g Schweineschmalz
550 g roher Schweinebauch
1 TL Tomatenmark
3 Lorbeerblätter
4 Wacholderbeeren
½ TL Salz
¼ TL Pfeffer

Pastetenform

1. Zwiebeln schälen, vierteln, in den Mixbehälter geben und **5 Sek./Stufe 5/mit MB** zerkleinern, dann spateln.
2. Schmalz zugeben und alles **4 Min./130 °C/Stufe 2/ohne MB** braten.
3. Schwarte vom Schweinebauch abschneiden, Fleisch in 2 cm breite Streifen schneiden. Schweinebauchstreifen mit den restlichen Zutaten in den Mixbehälter geben, **60 Min./100 °C/Linkslauf/Stufe 2/mit MB** garen. Nach etwa 5 Minuten Fleischreste mit dem Spatel vom Messer entfernen, falls diese hängen bleiben. Zwischendurch immer wieder spateln. Vorsicht, kann beim Öffnen spritzen!
4. Lorbeerblätter entfernen. Fleischmasse **5 Sek./Stufe 6/mit MB** hacken, spateln, dann **5 Sek./Stufe 8/mit MB** pürieren.
5. Eine Pastetenform mit Frischhaltefolie auslegen. Die Fleischmasse hineingeben, gleichmäßig verstreichen. Wer mag, gibt ein paar Blätter Salbei obenauf. Mit der Folie bedecken und im Kühlschrank kalt stellen.
6. Aufstrich innerhalb 1 Woche verzehren.

Geflügelleberpaté mit Aprikosen

ZUTATEN FÜR CA. 850 G
2 Schalotten (50 g)
10 g Ingwer
200 g Butter
300 g Hühnerleber
400 g Hühnerbrustfilets
150 g Sahne
2 TL Kräutersalz
70 g Soft-Aprikosen

Auflaufform, 1 l

1. Schalotten schälen, vierteln. Ingwer schälen, grob schneiden. Beides in den Mixbehälter geben und **6 Sek./Stufe 4/mit MB** hacken, spateln. 1 EL Butter zugeben und alles **5 Min./120 °C/ ohne MB** dünsten.
2. Leber waschen, putzen und grob schneiden. In 2 EL Butter in einem beschichteten Topf braten, sodass sie zwar durch, aber nicht trocken ist. In den Mixbehälter (zu den Zwiebeln) umfüllen.
3. Hühnerbrust waschen, in Stücke schneiden und in der restlichen Butter im Topf durchbraten, dann ebenfalls in den Mixbehälter umschütten.
4. Anschließend alles **20 Sek./Stufe 5/mit MB** hacken, spateln, mit der Sahne aufgießen und **20 Sek./Stufe 7/mit MB** mixen, spateln. Kräutersalz zugeben, nochmals **1 Min./ Stufe 10/mit MB** fein pürieren.
5. Die Aprikosen fein würfeln und mit dem Spatel einrühren.
6. Die Masse in eine passende Auflaufform füllen (ca. 1 l Inhalt). Mit Frischhaltefolie abdecken, diese fest auf die Farce drücken, sodass keine Luft mehr dazwischen ist.
7. Paté mindestens 3 Stunden im Kühlschrank ruhen lassen und innerhalb von 4–5 Tagen aufbrauchen.

Tipp: Dieses Rezept dauert zwar etwas länger, aber das Ergebnis ist wirklich lecker. Wer mag, rührt 1 Packung Tortenguss mit 250 ml Orangensaft oder Mangonektar kalt an, gibt etwas Zitronenschalenabrieb und 1 Prise Chili dazu, lässt das Ganze kurz aufkochen und gießt damit eine dicke Haut auf die Paté. Die wird im Kühlschrank fest und schützt die Oberfläche vor dem Austrocknen. Paté dann scheibenweise aufschneiden.

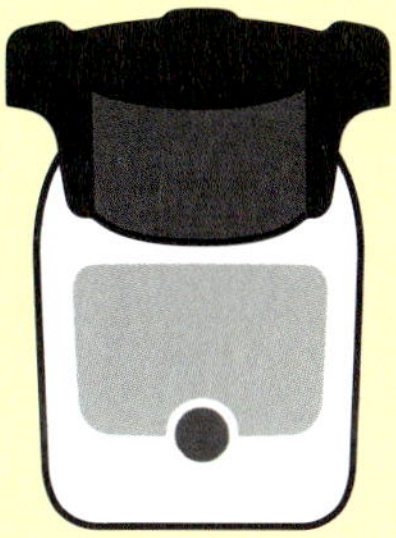

Fisch

Räucherforellencreme

ZUTATEN FÜR 350 G

200 g Räucherforellenfilets (am besten von der Lachsforelle)
200 g Schmand
1 TL Honig
1 TL scharfer Senf
1 TL frischer oder TK-Dill
1 Spritzer Zitronensaft
Salz nach Belieben
schwarzer Pfeffer

1. Alle Zutaten in den Mixbehälter geben und **5 Sek./Stufe 8/mit MB** mixen.
2. Bei Bedarf noch mit Salz und Pfeffer nachwürzen.
3. Creme in eine Schüssel geben und abgedeckt 1–2 Stunden im Kühlschrank kalt stellen.

Flusskrebs-Zitronen-Pastete

ZUTATEN FÜR 350G
100g Butter
200g Flusskrebsschwänze
2EL Saft und Schale von ½ Bio-Zitrone
75g Remoulade
1 Prise Muskatnuss
Salz
Pfeffer
ein paar Blätter frischer Salbei

1. Butter in den Mixbehälter geben und **3 Min./100°C/Stufe 2/ohne MB** schmelzen.
2. Flusskrebsschwänze im Garkorb mit kaltem Wasser gründlich abspülen, etwas ausdrücken. In den Mixbehälter geben und **3 Min./Dampfgarstufe/Stufe 1/ohne MB garen**, abkühlen lassen.
3. Zitrone abwaschen, trocknen und etwas Schale in den Mixbehälter abreiben. Zitronensaft sowie Remoulade und Muskat dazugeben und **5 Sek./Stufe 8/mit MB** mixen. Mit Salz und Pfeffer abschmecken.
4. Pastete in eine kleine Form füllen, glatt streichen und 2 Stunden in den Kühlschrank stellen. Mit frischen Salbeiblättern belegt servieren.

Thunfisch-Avocado-Creme

ZUTATEN FÜR 350 G
2 reife Avocados
3 EL Zitronensaft
2 Knoblauchzehen
1 Dose Thunfisch in Öl (Abtropfgewicht ca. 130 g)
Salz
Pfeffer

Variante:
100 g Zuckermais, abgetropft, mit der Creme verrühren

1. Avocados halbieren, Kern entfernen, Fruchtfleisch mit einem Löffel aus der Schale schaben. Mit dem Zitronensaft in den Mixbehälter geben und intervallweise auf **Stufe 5/mit MB** feincremig mixen, zwischendurch mit dem Spatel herunterschieben.
2. Knoblauchzehen schälen und durch eine Knoblauchpresse in den Mixbehälter drücken.
3. Thunfisch leicht abtropfen lassen, mit etwas Salz und Pfeffer zum Avocadopüree geben.
4. Alles ebenfalls intervallweise auf **Stufe 5/mit MB** mixen, bis die gewünschte Konsistenz erreicht ist. Da keine große Menge verarbeitet wird, muss man hier öfter mit dem Spatel nachhelfen und nur kurz auf **Stufe 5** mixen.
5. Creme mit Salz und Pfeffer nach Geschmack würzen, in eine Schüssel umfüllen und im Kühlschrank abgedeckt gut durchkühlen lassen.

Lachsaufstrich

ZUTATEN FÜR 300 G

30 g frischer Meerrettich
80 g Graved Lachs
250 g Frischkäse
½ TL Abrieb von 1 Bio-Orange
1 TL Honig
1 Prise Zitronensalz
etwas frischer Dill

1. Meerrettich schälen, grob zerschneiden und **5 Sek./Stufe 10/mit MB** im Mixbehälter mahlen, spateln, wiederholen.
2. Lachs klein schneiden und zusammen mit den restlichen Zutaten (außer dem Dill) in den Mixbehälter geben. **5 Sek./Stufe 5/mit MB** mixen, mit dem Spatel zusammenschieben und Vorgang wiederholen.
3. Dill waschen, trocken schütteln und grob hacken. Aufstrich mit Dill bestreut servieren.

Tipp: Brotscheiben dick mit dem Aufstrich bestreichen, mit einer Scheibe Graved Lachs belegen, etwas Dill obenauf geben. Superlecker!

Makrelen-Meerrettich-Creme

ZUTATEN FÜR 300G
20g frischer Meerrettich (alternativ 1EL Meerrettich aus dem Glas)
1 Knoblauchzehe
175g Räuchermakrelenfilets
schwarzer Pfeffer
Salz (wenn vorhanden Algensalz)
1EL frische Kräuter (Schnittlauch, Petersilie, Dill) nach Belieben

1. Meerrettich schälen und grob zerschneiden, Knoblauch schälen und in Scheiben schneiden. Beides im Mixbehälter **5 Sek./Stufe 10/mit MB** hacken, spateln, wiederholen (riecht extrem scharf, am besten Luft anhalten ...). Wird Meerrettich aus dem Glas verwendet, den Knoblauch sehr fein hacken bzw. durch eine Knoblauchpresse drücken und mit dem Meerrettich in den Mixbehälter geben.
2. 150g von der Makrele ohne Haut zugeben sowie etwas Pfeffer und 1 Prise Salz. **5 Sek./Stufe 5/mit MB** mixen, Masse mit dem Spatel nach unten schieben und Vorgang wiederholen.
3. Creme mit Salz und Pfeffer abschmecken, in eine Schüssel füllen, das restliche Makrelenfleisch auseinanderzupfen und auf die Creme streuen. Abgedeckt 1 Stunde im Kühlschrank durchziehen lassen.
4. Wer möchte, kann frische Kräuter waschen, trocken schütteln, fein hacken und diese dann vor dem Servieren über die Creme streuen.

Surimi mit Birne

ZUTATEN FÜR 400 G
100 g Birne (ca. ½ Birne)
180 g Surimi
1 Msp. Chilipulver
1 Msp. Curry
1 Prise Zitronensalz
70 g Crème fraîche
70 g Mayonnaise
etwas Salz
etwas frische Kräuter nach Belieben

1. Birne schälen, Kernhaus entfernen, Fruchtfleisch in Stücke schneiden und im Mixbehälter **5 Sek./Stufe 8/mit MB** mixen, evtl. austretenden Saft abgießen.
2. ¼ der Surimi in 1 cm lange Stücke schneiden und beiseite stellen. Restliche Surimi in den Mixbehälter geben.
3. Chili, Curry, Zitronensalz sowie Crème fraîche und Mayonnaise einwiegen und alles **5 Sek./Stufe 5/mit MB** rühren. Mit Salz abschmecken.
4. Wer möchte, kann frische Kräuter waschen, trocken schütteln und fein hacken.
5. Aufstrich in eine Schüssel umfüllen, die restlichen Surimistücke darauf verteilen, evtl. mit gehackten Kräutern bestreuen. Am besten noch zugedeckt 1 Stunde im Kühlschrank durchziehen lassen.

Garnelenpaste

ZUTATEN FÜR 350 G

200 g Kabeljaufilet, dampfgegart und abgekühlt
100 g Eismeergarnelen
10 g Senf
25 g Sonnenblumenöl
25 g Seehasenrogen (»Deutscher Kaviar«)
1 TL Paprikapulver
Saft von ½ Zitrone
1 TL Honig
1 Prise Salz
1 Prise Pfeffer

1. Den abgekühlten Fisch mit den restlichen Zutaten in den Mixbehälter geben, **5 Sek./Stufe 7/mit MB** mixen, spateln und evtl. wiederholen, bis eine schön cremige Masse entstanden ist.
2. Nach Geschmack nachsalzen oder -pfeffern.
3. Vor dem Servieren im Kühlschrank mindestens 1 Stunde lang abgedeckt durchziehen lassen.

Tipp: Dampfgaren des Kabeljaufilets: Den Kabeljau mit kaltem Wasser abwaschen und trocken tupfen. In den Mixbehälter 700 g Wasser einwiegen und in **5 Min./Dampfgarstufe/Stufe 1/mit MB** zum Kochen bringen. Kabeljau salzen und pfeffern, etwas Zitronensaft und Sonnenblumenöl darüberträufeln. Fisch in Backpapier einwickeln und in den Dampfgaraufsatz legen, diesen auf den Mixbehälter setzen, Deckel daraufgeben und Fisch **15 Min./Dampfgarstufe/Stufe 2** garen. Dampfgaraufsatz abnehmen und Fisch abkühlen lassen. Mixbehälter leeren und ausspülen.

Sardellen-Knoblauch-Butter

ZUTATEN FÜR 200 G

1 Bio-Zitrone
1 Glas Sardellen in Öl (ca. 90 g)
200 g weiche Butter
1 TL Knoblauchpaste (siehe Seite 14) (alternativ 1 Knoblauchzehe, fein gehackt)
1 Prise Chilipulver
1 EL frischer Schnittlauch

Variante:
1 EL Kapern (abgetropft) mit den anderen Zutaten hacken

1. Zitrone heiß abwaschen und abtrocknen. Schale abreiben, Saft auspressen. Sardellen abtropfen lassen.
2. Sardellen, Zitronenschale und -saft mit Butter, Knoblauchpaste und Chilipulver im Mixbehälter **5 Sek./Stufe 5/mit MB** hacken. Spateln, dann **5 Sek./Stufe 7/mit MB** mixen.
3. Schnittlauch waschen, trocken schütteln und in feine Röllchen schneiden. Mit dem Spatel in die Buttermasse einrühren.
4. Masse in eine Schüssel füllen und abgedeckt im Kühlschrank aufbewahren. Innerhalb von 3 Tagen verbrauchen.

Tipp: Schmeckt gut auf Brot, aber auch als Würzbutter zu Gegrilltem, Rind, Lamm, Tofu und Kartoffeln.

Garnelen-Mango-Aufstrich

ZUTATEN FÜR 500 G

10 g Ingwer
200 g Eismeergarnelen
200 g Mango
100 g Mayonnaise
1 Prise Salz
1 Prise Pfeffer
1 TL frischer Schnittlauch

1. Ingwer schälen und mit einer Reibe in den Mixbehälter hineinreiben.
2. Garnelen im Garkorb unter kaltem Wasser abspülen und abtropfen lassen.
3. Mango schälen, Fruchtfleisch vom Kern schneiden und mit den Garnelen in den Mixbehälter geben, **5 Sek./Stufe 5/mit MB** hacken.
4. Mayonnaise, Salz und Pfeffer zugeben, **5 Sek./Stufe 5/mit MB** mixen.
5. Schnittlauch waschen, trocken schütteln und in feine Röllchen schneiden.
6. Aufstrich in eine Schüssel füllen und mit Schnittlauch bestreut servieren.

Lachs-Krabben-Mousse

ZUTATEN FÜR 450 G
200 g Sahne, eiskalt
1 Packung Sahnesteif
150 g Räucherlachs
150 g Eismeergarnelen in Lake
100 g Frischkäse
1 EL Zitronensaft
1 Prise Pfeffer
etwas Salz nach Belieben
25 g Forellenkaviar
etwas frischer Thymian

1. Sahne mit dem Sahnesteif in den Mixbehälter geben und **1 Min. 30 Sek./mit aufgestecktem Rühraufsatz Stufe 4/mit MB** schlagen, dann in eine Schüssel umfüllen.
2. Lachs in Streifen schneiden, Garnelen abtropfen lassen. Beides mit dem Frischkäse und dem Zitronensaft in den Mixbehälter geben, **5 Sek./Stufe 5/ mit MB** mixen, spateln, evtl. wiederholen.
3. Sahne zugeben und mit dem Spatel vorsichtig unterheben.
4. Mousse mit Pfeffer und evtl. etwas Salz (Vorsicht, der Kaviar ist auch salzig!) abschmecken.
5. Thymian waschen, trocken schütteln und Blättchen abzupfen.
6. Mousse mit dem Kaviar als Topping und mit Thymianblättchen bestreut auf Brot servieren. Innerhalb von 2 Tagen aufbrauchen.

Tipp: Statt Forellenkaviar kann man auch günstigeren schwarzen Seehasenrogen verwenden.

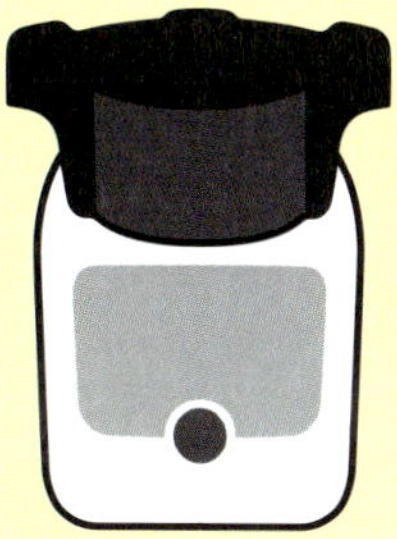

Süsses für Schleckermäuler

Coconut-Dream

ZUTATEN FÜR 400 G
200 g Zucker
200 g Kokosraspel
100 g Guaven- oder Lycheenektar (oder Wasser)
etwas Abrieb von 1 Bio-Zitrone

1. Den Zucker in den Mixbehalter geben, **15 Sek./Stufe 10/mit MB** mahlen, spateln, wiederholen.
2. Die Kokosraspel zugeben, **1 Min./Stufe 10/mit MB** hacken und spateln.
3. Dann den Fruchtnektar und den Zitronenschalenabrieb zugeben, **20 Sek./Stufe 10/mit MB** mischen und **15 Min./100 °C/Stufe 1/mit MB** kochen.
4. Masse in ein Schraubglas füllen (Vorsicht beim Umfüllen!), abkühlen lassen und im Kühlschrank aufbewahren. Hält sich 1–2 Wochen.

Tipp: Nicht nur als Brotaufstrich verwendbar, sondern auch als Kuchenbelag oder für Weihnachtsplätzchen als Deckschicht.

Erdnuss-Schoko-Honig-Aufstrich

ZUTATEN FÜR 500 G
200 g geröstete Erdnüsse, gesalzen oder ungesalzen
100 g Butter
100 g Banane
100 g Honig
60 g ungesüßtes Kakaopulver

1. Erdnüsse in den Mixbehälter geben und **5 Sek./Stufe 10/mit MB** hacken, spateln, evtl. wiederholen.
2. Butter in Stücke schneiden, Banane schälen und klein schneiden. Beides mit den restlichen Zutaten zugeben und **5 Sek./Stufe 10/mit MB** mixen, dann spateln und Vorgang wiederholen.
3. Aufstrich in ein Glas füllen und im Kühlschrank aufbewahren. Innerhalb von 2–3 Wochen aufbrauchen.

Tipp: Schmeckt gut zu Fleisch und Geflügel, aber auch als süßer Aufstrich auf Brot und trockenen Kuchen.

Einfache Karamellcreme

ZUTATEN FÜR 400 G

1 kg Wasser

400 g gezuckerte Kondensmilch (Dose, kein Tetrapack)

1. Wasser in den Mixbehälter geben, den Gareinsatz einhängen, die ungeöffnete Kondensmilch in den Gareinsatz geben und **99 Min./100 °C/Stufe 1/ohne MB** garen. Danach nochmals **20 Min./100 °C/Stufe 1/ohne MB.**
2. Die Dose erst auskühlen lassen, bevor sie geöffnet wird.
3. Die Masse in eine verschließbare Dose umfüllen und kühl stellen. Ist im Kühlschrank 3 Wochen lang haltbar.

Tipp: Creme auf das Brot streichen, darauf etwas Joghurt, Quark oder Frischkäse geben, mit Zimt, Vanille, Kardamom oder gehackten Nüssen bestreuen.

Studentenfutter-Aufstrich

ZUTATEN FÜR 400 G

65 g Walnüsse
65 g Mandeln
70 g Cranberrys
70 g Sonnenblumenkerne
70 g Blütenpollen
2 EL Honig
200 g Sahne

Variante:
Wer keine Walnüsse, Mandeln, Cranberrys und Sonnenblumenkerne zur Verfügung hat, kann auch 270 g Studentenfuttermischung verwenden

Vegane Variante:
Statt Sahne Fruchtsaft verwenden, Blütenpollen weglassen und Honig durch Agavendicksaft ersetzen

1. Alle Zutaten in den Mixbehälter geben, **5 Sek./Stufe 5/mit MB** hacken, spateln und wiederholen.
2. Aufstrich in ein Schraubglas umfüllen, im Kühlschrank quellen und ziehen lassen.

Tipp: Als Aufstrich verwenden, alternativ kleine Taler formen und mit in die Arbeit nehmen.

Dattel-Maroni-Creme

ZUTATEN FÜR 600 G

300 g Datteln (ca. 16 Stück, ohne Stein)
200 g Maroni (geschält und gekocht)
100 g Cashewkerne
2 TL Honig
100 g Sahne

Vegane Variante:
Statt Honig Agavendicksaft verwenden und statt Sahne Fruchtsaft

1. Alle Zutaten in den Mixbehälter geben, **5 Sek./Stufe 5/mit MB** hacken, spateln und wiederholen.
2. Creme in Schraubgläser füllen, hält sich im Kühlschrank maximal 1 Woche.

Schoko küsst Mandel

ZUTATEN FÜR 300 G

100 g gehobelte oder gehackte Mandeln
200 g Schaumküsse (12 Stück)
60 g Sahne

1. Mandeln in den Mixbehälter geben, **5 Sek./Stufe 6/mit MB** hacken und spateln, wiederholen.
2. Dann die Schaumküsse ohne Boden und die Sahne in den Mixbehälter geben und **5 Sek./Stufe 6/mit MB** mixen.
3. Creme in ein Schraubglas füllen.
4. Da die Masse sehr klebrig ist, Mixbehälter und Deckel unbedingt sofort spülen!

Pistazien-Kokos-Butter

ZUTATEN FÜR 250 G

150 g gehackte Pistazien
300 g Kokosmilch
120 g Honig

1. Alle Zutaten im Mixbehälter **5 Sek./Stufe 5/mit MB** mixen, spateln und Vorgang wiederholen.
2. Butter in ein Schraubglas füllen.

Tipp: Reste in Eiswürfelformen einfrieren und irgendwann **20 Sek./Stufe 10/mit MB** zu einer leckeren Eiscreme mixen.

Maronibutter

ZUTATEN FÜR 350 G

200 g Maroni (geschält und gekocht)
60 g Süßrahmbutter
60 g Rohrzucker
1 EL Kakaopulver
1 TL Zimt

Vegane Variante:
Statt Butter Kokosöl verwenden

1. Alle Zutaten in den Mixbehälter geben und **5 Sek./Stufe 6/mit MB** hacken, dann spateln und wiederholen.
2. Maronibutter in ein Schraubglas füllen. Hält sich im Kühlschrank bis zu 2 Wochen.

Schnelle Schokocreme

ZUTATEN FÜR 250 G

1 Vanilleschote
100 g brauner Zucker
1 Prise Salz
200 g weiche Butter
2 EL ungesüßtes Kakaopulver
½ TL Zimt

Vegane Variante:
Statt Butter vegane Margarine verwenden

1. Vanilleschote mit einem scharfen Messer längs aufschlitzen und Mark herausschaben. Vanillemark, Zucker und Salz in den Mixbehälter geben, **10 Sek./Stufe 10/mit MB** mahlen. Pulver mit einem Küchenpinsel nach unten wischen (auch vom Deckel) und nochmals **10 Sek./Stufe 10/mit MB** mahlen.
2. Die Butter in Stücke schneiden, mit dem Kakaopulver und dem Zimt in den Mixbehälter geben, **2 Min./37 °C/Stufe 3** mit MB rühren.
3. Creme in ein Schraubglas füllen und im Kühlschrank aufbewahren.

Butter, Fruchtbutter und Nussbutter

Zitronen-Mandel-Butter

ZUTATEN FÜR 300G
100g blanchierte Mandeln
80g Zucker
200g Butter (zimmerwarm)
1 Bio-Zitrone

1. Mandeln mit dem Zucker im Mixbehälter **10 Sek./Stufe 10/mit MB** mahlen. Butter zugeben, **2 Min./Stufe 2/ohne MB** rühren.
2. In der Zwischenzeit die Zitrone waschen, die Schale mit einem Zestenreißer in langen Streifen abziehen, eine Zitronenhälfte auspressen.
3. ²⁄₃ der Zitronenschale und den Saft in den Mixbehälter geben, alles **10 Sek./Stufe 7/mit MB** mixen.
4. Butter in eine Schüssel füllen, mit den restlichen Zesten bestreuen und in den Kühlschrank stellen. Innerhalb von 3 Tagen aufbrauchen.

Erdnussbutter

ZUTATEN FÜR 400 G
400 g geröstete, gesalzene Erdnüsse
½ TL Meersalz
2–5 EL Rohrzucker (optional, wenn die Butter süß sein soll)
1–2 EL neutrales Öl (z. B. Sonnenblumen- oder Rapsöl)

1. Geröstete Erdnüsse, Salz und Zucker in den Mixbehälter geben, **5 Sek./Stufe 8/mit MB** mixen, spateln und wiederholen.
2. Zwischendurch etwas Öl zugeben, dann weitermixen, bis die gewünschte Konsistenz erreicht ist.
3. Nach Belieben mit Salz und Zucker nachwürzen und nochmals gut verrühren.
4. Erdnussbutter in Schraubgläser füllen, kühl, aber nicht im Kühlschrank lagern. Durch Kondenswasser könnte die Erdnussbutter sonst schimmeln. Am besten innerhalb von 2–3 Wochen aufbrauchen.

Tipp: Wer die Crunchy-Version der Erdnussbutter mag, legt 1 EL Nüsse vor dem Mahlen beiseite und hackt sie nicht zu fein. Zum Schluss unter die fertige Masse rühren.

Cashewbutter

ZUTATEN FÜR 450 G
300 g Cashewkerne
2 TL Zitronensaft
165 ml Kokosmilch, fett
2 TL guter Honig, am besten Waldhonig

Vegane Variante:
Statt Honig Agavendicksaft verwenden

1. Cashewkerne und Zitronensaft im Mixbehälter **5 Sek./Stufe 7/mit MB** mixen.
2. Den festen Bestandteil der Kokosmilch (den Rest anderweitig verwenden, z. B. als Milchersatz) und den Honig zugeben (ca. 115 g), **15 Sek./Stufe 7/mit MB** mischen, spateln, evtl. wiederholen.
3. Butter in ein Schraubglas füllen und kühl, aber nicht im Kühlschrank aufbewahren.

Mandelbutter

ZUTATEN FÜR 250G
300g Mandeln
1TL Zimtpulver nach Belieben

1. Backofen auf 180°C Umluft vorheizen.
2. Ungeschälte Mandeln auf ein mit Backpapier belegtes Blech legen und etwa 8 Minuten im Backofen rösten lassen. Dabei aufpassen, dass sie nicht verbrennen.
3. Mandeln aus dem Ofen nehmen und unbedingt vollkommen auskühlen lassen.
4. Dann in den Mixbehälter schütten und **4 Min./Stufe 10/mit MB** mahlen und spateln.
5. Danach nochmals **5 Min./Stufe 10/mit MB** pürieren, zwischendurch spateln. Nun müsste sich das Öl von den Nüssen getrennt haben und eine flüssig-cremige Konsistenz entstanden sein. Sonst nochmals ein paar Minuten lang auf **Stufe 10** weitermahlen, zwischendurch spateln. Dem Mixbehälter aber vorher eine kurze Verschnaufpause gönnen, damit er nicht heiß läuft.
6. Die fertige Mandelbutter evtl. mit etwas Zimt würzen, in ein Glas füllen und innerhalb von 2–3 Wochen aufbrauchen. Kühl, aber nicht im Kühlschrank lagern. Durch Kondenswasser könnte die Mandelbutter sonst schimmeln.

Tipp: So hergestellt, ist die Mandelbutter ungesüßt, also neutral, und kann sowohl mit Süßem (z.B. Bananenscheiben, Apfelstücken, Marmelade) als auch mit Pikantem (Grillfleisch, Räucherschinken, kaltem Braten) kombiniert werden. Wer sie süß mag, gibt einfach zum Schluss 2EL Honig dazu und mixt diesen unter.

Zitronen-Passionsfrucht-Butter mit Thymian

ZUTATEN FÜR 250 G

1 Passionsfrucht
Abrieb von 1 Bio-Zitrone
1 Prise Kräutersalz
1 Prise Pfeffer
250 g Butter (zimmerwarm)
1 TL frischer Thymian

1. Passionsfrucht halbieren, Fruchtfleisch aus der Schale löffeln und durch ein Sieb streichen.
2. Passionsfruchtmark, Zitronenschalenabrieb, Kräutersalz und Pfeffer in den Mixbehälter geben und **5 Sek./Stufe 6/mit MB** verrühren, spateln und evtl. wiederholen.
3. Butter in Stücke schneiden. Thymian waschen, trocken schütteln, Blättchen abzupfen. Beides in den Mixbehälter geben, **10 Sek./Stufe 4/mit MB** aufschlagen, spateln, dann wiederholen.
4. Butter auf Klarsichtfolie geben, zu einer Rolle formen und in den Kühlschrank stellen. Innerhalb 1 Woche aufbrauchen.

Tipp: Dieser Aufstrich kann auch durch Zugabe von 50 g Puderzucker als süße Variante zubereitet werden.

Apfelbutter

ZUTATEN FÜR 300 G

800 g säuerliche Apfel
1 Vanilleschote
100 g brauner Zucker
1 EL Zitronensaft
1 EL Zimt
50 g Süßrahmbutter (zimmerwarm)

1. Die Äpfel waschen, mit einem Apfelschneider schneiden, Reste vom Kerngehäuse ausschneiden. In 2 Portionen in den Mixbehälter geben, **2 Sek./Stufe 5/mit MB** hacken.
2. Vanilleschote mit einem scharfen Messer längs aufschlitzen und Mark herausschaben. Vanillemark mit den restlichen Zutaten (außer der Butter) in den Mixbehälter geben und **80 Min./Stufe 1/Dampfgarstufe/Linkslauf mit aufgesetztem Kocheinsatz als Spritzschutz** kochen (kann sonst überkochen).
3. Masse abkühlen lassen, dann die Süßrahmbutter in Stücken zugeben und **5 Sek./Stufe 6/mit MB** mixen, evtl. wiederholen.
4. Butter in ein Schraubglas füllen und innerhalb von 1 Woche aufbrauchen.

Tipp: Schmeckt wunderbar auf Brot oder auch mit cremigem Joghurt als Unterlage. Das gleiche Rezept kann man mit Birnen oder Quitten zubereiten.

Bärlauchbutter

ZUTATEN FÜR 250 G

Abrieb von ½ Bio- Zitrone
1 TL frische Petersilie
1 EL frischer Bärlauch
½ TL Paprikapulver
½ TL Kräutersalz
¼ TL Pfeffer
250 g Süßrahmbutter (zimmerwarm)

1. Zitrone waschen, abtrocknen und Schale abreiben. Petersilie und Bärlauch waschen, trocken schütteln und grob zerschneiden.
2. Zitronenabrieb, Petersilie, Bärlauch, Paprika, Salz, Pfeffer im Mixbehälter **5 Sek./Stufe 10/ mit MB** zerkleinern und spateln.
3. Die Butter in Stücken zugeben, **10 Sek./Stufe 4/ mit MB** hacken und spateln, evtl. wiederholen.
4. Masse auf ein Stück Klarsichtfolie geben, zu einer Rolle formen und in den Kühlschrank stellen. Mindestens 2 Stunden lang ziehen lassen.

Tipp: Frischen, nicht blühenden Bärlauch verwenden. Achtung: Nicht mit den giftigen Maiglöckchenblättern verwechseln!

Chili-Koriander-Butter

ZUTATEN FÜR 250 G

1 TL frischer Koriander
1 TL frischer Dill
250 g Süßrahmbutter (zimmerwarm)
5 g Abrieb von 1 Bio-Orange
½ TL Chiliflocken
2 EL Olivenöl
1 TL Kräutersalz
1 Prise Pfeffer

1. Koriander und Dill waschen, trocken schütteln und hacken.
2. Die Butter in Stückchen in den Mixbehälter schneiden, restliche Zutaten dazugeben und alles **5 Sek./Stufe 5/mit MB** mischen, evtl. wiederholen.
3. Masse durch einen Marmeladentrichter in ein Schraubglas füllen und im Kühlschrank durchziehen lassen. Hält sich 1 Woche.

Tipp: Schmeckt sehr gut zu Fleisch- und Fischgerichten.

Sesambutter

ZUTATEN FÜR 300 G
100 g Sesam
250 g Süßrahmbutter (zimmerwarm)
½ TL Kräutersalz
¼ TL Pfeffer
1 Prise Chilipulver

1. Die Sesamkörner in den Mixbehälter schütten und **15 Min./130 °C/Stufe 1/ohne MB** rösten. Ein Küchenpapierhandtuch auf den Deckel legen, denn die Sesamkörner springen umher!
2. Sesam etwas auskühlen lassen, dann **10 Sek./Stufe 10/mit MB** mahlen, spateln und Vorgang wiederholen. Nach Belieben nochmals spateln und hacken.
3. Die Butter in Stücken mit Salz, Pfeffer und Chili in den Mixbehälter geben, **10 Sek./Stufe 4/ohne MB** verrühren.
4. Butter in ein Schraubglas füllen und innerhalb 1 Woche aufbrauchen.

Tipp: Schmeckt gut auf Brot, besonders mit frischen Kräutern wie Kresse oder auch Keimlingen darauf. Passt aber auch gut zu Gemüsegerichten, Grillfleisch und Tofuspeisen. Wer die Butter nicht gleich aufbraucht, kann sie auch einfrieren.

Knoblauchbutter

ZUTATEN FÜR 300 G
80 g Zwiebel
1 EL Knoblauchpaste (siehe Seite 14)
1 EL frische oder TK-Kräuter
250 g Süßrahmbutter (zimmerwarm)
1 TL Salz
¼ TL Pfeffer

1. Zwiebel schälen, vierteln, mit der Knoblauchpaste in den Mixbehälter geben, **5 Sek./Stufe 6/mit MB** hacken und spateln.
2. Frische Kräuter waschen, trocken schütteln und hacken.
3. Butter in Stücke schneiden und mit den Kräutern, Salz und Pfeffer in den Mixbehälter geben und **15 Sek./Stufe 5/ohne MB** mischen.
4. Knoblauchbutter in eine Gefrierbox füllen oder in eine Frischhaltefolie wickeln und zum Aushärten in den Kühlschrank stellen.
5. Hält sich 1 Woche lang. Nicht sofort benötigte Mengen einfrieren.

Rotwein-Zwiebel-Butter

ZUTATEN FÜR 350 G

160 g Zwiebeln
150 g Rotwein
250 g Süßrahmbutter (zimmerwarm)
1 TL Kräutersalz
½ TL Pfeffer

1. Zwiebeln schälen, vierteln, in den Mixbehälter geben, **5 Sek./Stufe 5/mit MB** hacken und spateln.
2. Rotwein dazugießen und **10 Min./Dampfgarstufe/Stufe 1/ohne MB** dünsten.
3. Übrigen Rotwein abgießen (ist nur sehr wenig), die Zwiebeln im Topf auskühlen lassen.
4. Die Butter in Stücke schneiden und mit Kräutersalz und Pfeffer in den Mixbehälter geben und **5 Sek./Stufe 5/mit MB** mixen, spateln, wiederholen.
5. Die Buttermasse in eine Schüssel oder Butterform (vorher wässern) füllen oder einfach in Frischhaltefolie wickeln. In den Kühlschrank stellen und fest werden lassen.

Fünf-Sekunden-Stufe-Fünf-Aufstriche: Extrafix!

Ein Käse steht im Walde

ZUTATEN FÜR 300G
200g Brie
Kresse zum Garnieren
2 Zwiebeln
10g frischer Meerrettich (alternativ 1TL Meerrettich aus dem Glas)
100g Frischkäse
100g TK-Preiselbeeren
½TL Kräutersalz
¼TL Pfeffer

1. Brie in Stücke schneiden. Kresse abschneiden, waschen, trocken schütteln und beiseite legen.
2. Zwiebeln schälen und vierteln. Meerrettich schälen und reiben.
3. Alle Zutaten (bis auf die Kresse) im Mixbehälter **5 Sek./Stufe 5/mit MB** mixen.
4. Käseaufstrich in eine Schüssel umfüllen und mit der Kresse garniert servieren.

Kokosnuss-Avocado-Aufstrich

ZUTATEN FÜR 170 G

2 Avocados

100 g dicke Kokosmilch

2 EL Honig

1. Die Avocados halbieren, Kerne entfernen, das Fruchtfleisch aus der Schale löffeln, in kleine Stücke schneiden und in den Mixbehälter geben.
2. Kokosmilch und Honig zufügen, alles **5 Sek./Stufe 5/mit MB** mixen. Nach Wunsch Vorgang wiederholen.
3. In eine Schüssel umfüllen und genießen.

Tipp: Schmeckt sehr gut mit frischen Früchten wie Heidelbeeren, Himbeeren, Erdbeeren oder Kiwis.

Mapama-Aufstrich (Mango-Paprika-Mascarpone)

ZUTATEN FÜR 450 G

½ Mango
100 g Magerquark
200 g Frischkäse
1 EL Honig
½ TL Kräutersalz
½ TL Pfeffer
½ TL Paprikapulver
½ TL Curry oder Smoked Curry

1. Mango schälen, 150 g Fruchtfleisch vom Kern abschneiden und grob würfeln.
2. Mit den restlichen Zutaten in den Mixbehälter geben und **5 Sek./Stufe 5/mit MB** mixen.
3. Wer den Aufstrich noch cremiger mag, wiederholt den Vorgang noch einmal.
4. Im Kühlschrank 2 Tage lang haltbar.

Tipp: Schmeckt herrlich zu Weißbrot, Käse und allen Fleisch- und Fischgerichten.

Mandarinen-Frischkäse

ZUTATEN FÜR 250 G

4 Lauchzwiebeln
1 Dose Mandarinen (314 ml)
200 g Frischkäse
25 g Pinienkerne
⅓ TL Salz
1 Prise Cayennepfeffer
1 TL mildes Currypulver

1. Lauchzwiebeln putzen, waschen und in feine Röllchen schneiden.
2. Mandarinen in ein Sieb schütten und abtropfen lassen. Mit den anderen Zutaten (außer den Lauchzwiebeln) in den Mixbehälter geben und **5 Sek./Stufe 5/mit MB** mixen.
3. Aufstrich in eine Schüssel umfüllen und mit den Lauchzwiebeln bestreut servieren. Innerhalb von 2 Tagen verbrauchen.

Scharfe Dattel

ZUTATEN FÜR 300 G

150 g Datteln (ohne Stein)
200 g Frischkäse
1 EL Chilipaste (siehe Seite 11)
½ TL Kräutersalz
¼ TL Pfeffer

1. Alle Zutaten im Mixbehälter **5 Sek./Stufe 5/mit MB** mixen.
2. Paste in ein Schraubglas füllen und am besten noch 1 Stunde im Kühlschrank durchziehen lassen.

Guko-Aufstrich

ZUTATEN FÜR 300 G
150 g Bio-Gurke
1 TL frische oder TK-Kräuter
1 EL Knoblauchpaste (siehe Seite 14)
200 g Frischkäse
½ TL Salz
¼ TL Pfeffer
¼ TL Paprikapulver
1 Spritzer Zitronensaft

1. Gurke längs halbieren, Kerne mit einem Löffel herausschaben und Fruchtfleisch in 3 cm große Stücke schneiden.
2. Frische Kräuter waschen, trocken schütteln und hacken, mit den restlichen Zutaten in den Mixbehälter geben und alles **5 Sek./Stufe 5/mit MB** mixen.
3. In eine Schüssel umfüllen und genießen.

Tipp: Eignet sich auch gut zum Dippen von Gemüse, Tortillas, Grissini, Brezen oder einfach auf Brot.

Red Sonja

ZUTATEN FÜR 450 G

15 frische Basilikumblätter
100 g Schafskäse
200 g Frischkäse
70 g mildes Ajvar
100 g Cocktailtomaten
1 EL Knoblauchpaste (siehe Seite 14)
½ TL Kräutersalz
¼ TL Pfeffer

1. Basilikum waschen, trocken schütteln und mit einer Schere direkt in den Mixbehälter schneiden.
2. Schafskäse in Stücke schneiden. Tomaten waschen, abtropfen, vierteln.
3. Alle Zutaten in den Mixbehälter geben und **5 Sek./Stufe 5/mit MB** mixen.
4. Umfüllen, innerhalb von 2 Tagen verbrauchen.

Schokofee-Aufstrich

ZUTATEN FÜR 350 G

250 g Karamell-Nuss-Schoko-Pralinen (z. B. Toffifee)
70 g Butter
70 g Sahne

1. Alle Zutaten in den Mixbehälter geben und **5 Sek./Stufe 5/mit MB** hacken.
2. In ein Schraubglas umfüllen, innerhalb von 1 Woche verbrauchen.

Tipp: Für eine noch cremigere Variante die Creme **2.30 Min./70 °C/Stufe 2/ohne MB** erwärmen. In eine Schüssel umfüllen und im Kühlschrank fest werden lassen.

Espresso on tour

ZUTATEN FÜR 200 G
25 g Espresso, ausgekühlt
80 g Frischkäse
100 g Quark (20 % Fett)
40 g Zucker

1. Alle Zutaten in den Mixbehälter wiegen und **5 Sek./Stufe 5/mit MB** mixen.
2. Umfüllen, innerhalb von 3 Tagen verbrauchen.

Tipp: Wer mag, bestreut die Creme oder das fertig bestrichene Brot mit etwas Haselnusskrokant (erst kurz vor dem Essen, der Krokant weicht sonst durch).

Quark liebt Honig

ZUTATEN FÜR 300 G
50 g gehackte Pistazien
250 g Speisequark (20 oder 40 % Fett)
2 EL Honig
1 EL Orangenlikör
1 TL Abrieb von 1 Bio-Orange

1. Die Pistazien in eine Pfanne ohne Fett geben und unter Rühren 2 Minuten anrösten, dann kurz abkühlen lassen.
2. Restliche Zutaten im Mixbehälter **5 Sek./Stufe 5/mit MB** mixen.
3. Die Creme mit den Pistazien bestreut servieren.

Tipp: Schmeckt gut zu Fruchtsalat, karamellisierten Bananen und Ananas oder Schokoladenfondue.

Schafskäse-Allerlei

ZUTATEN FÜR 300 G
200 g Schafskäse
150 g griechischer Schafskäsejoghurt
1 Prise Pfeffer
1 TL Honig

1. Schafskäse klein schneiden und mit den restlichen Zutaten in den Mixbehälter geben. **5 Sek./Stufe 5/mit MB** mixen.

Tipp: Umfüllen, innerhalb von 3 Tagen verbrauchen. Brotscheiben mit dem Aufstrich bestreichen, mit halbierten Cocktailtomaten und frischen Kräutern (Oregano, Basilikum, Thymian) belegen und genießen.

Brot

Im Monsieur Cuisine Connect wird das Brotbacken zum Kinderspiel, wenn man ein paar Regeln beachtet:

- Den Teig knetet er ganz allein, ohne Mühe und mit einem hervorragenden Ergebnis.
- Die Hefe benötigt etwas Zeit zum Gehen. Und die sollte man ihr auch geben, um ein gutes Ergebnis zu erzielen. So bekommt man ein herrlich fluffiges Brot.
- Beim Gehen braucht der Teig die richtige Temperatur. Was er nicht mag: Kälte und Zugluft. Teig im Mixbehälter (oder einer Schüssel) abgedeckt an einen warmen Platz stellen.
- Nach dem ersten Gehen sollte sich das Volumen des Teiges deutlich vergrößert haben, teilweise wird er sogar doppelt so groß.
- Nun das Brot oder die Brötchen kurz durchkneten, aber nicht zu fest, es soll ja nicht alle Luft wieder herausgepresst werden. Den Teig nochmals rund 20 Minuten lang mit einem sauberen Tuch abgedeckt gehen lassen, bis sein Volumen sich erneut vergrößert hat (nun nicht mehr so stark wie beim ersten Gehen).
- Für eine schöne Kruste am besten mit einer ausrangierten Blumenspritze oder einer Sprühflasche ordentlich Wasser in den heißen Backofen sprühen, bevor das Brot in den Ofen kommt.
- Erst wird der Ofen auf 250 °C Ober-/Unterhitze (keine Umluft verwenden) aufgeheizt, dann mit Wasser einsprühen, jetzt Brot oder Brötchen hineinschieben (mittlere Schiene). Nach etwa 5 Minuten wird die Hitze entsprechend dem jeweiligen Rezept reduziert.
- Das Brot ist fertig, wenn es hohl klingt, wenn man mit dem Zeigefingerknochen auf die Unterseite klopft. Außerdem sollte es etwas Farbe angenommen haben, aber nicht zu dunkel sein.
- Jeder Backofen hat individuelle Backzeiten, die Angaben hier können daher nur Richtwerte sein.
- Nach dem Herausnehmen aus dem Ofen Brot auf einem Gitter abkühlen lassen.
- Erst abgekühlt aufschneiden und in einem Brotbeutel oder einer Brotdose aufbewahren. Da unser Brot keine Konservierungsstoffe enthält, sollte es bald gegessen werden. Oder Sie frieren einen Teil davon (ausgekühlt) ein.

Kastenweissbrot

ZUTATEN FÜR 1 BROT

1 Würfel Frischhefe (42 g)
1 TL Zucker
3 MB lauwarmes Wasser
50 g weiche Butter
500 g Pizzamehl Type 0
1 TL Steinsalz
Butter zum Einfetten

Kastenbackform

1. Die Hefe in den Mixbehälter bröseln, Zucker und lauwarmes Wasser zufügen, mit **3 Min./37 °C/Stufe 1/ohne MB** auflösen. Butter zugeben, **30 Sek./37 °C/Stufe 1/ohne MB** schmelzen.
2. Mehl und Salz in den Mixbehälter wiegen, **2 Min./Teigstufe/ohne MB** kneten.
3. Den Teig im Mixbehälter abgedeckt ca. 20 Minuten gehen lassen, bis er sich deutlich vergrößert hat.
4. Anschließend Teig **30 Sek./Teigstufe/ohne MB** kneten. In die gefettete Kastenform füllen, mit der Hand gut hineindrücken. Abgedeckt weitere 15–20 Minuten lang gehen lassen.
5. Backofen auf 220 °C Ober-/Unterhitze aufheizen.
6. Etwas Wasser in den Ofen sprühen.
7. Bevor das Weißbrot in den Ofen kommt, längs 0,5 cm tief einschneiden.
8. Brot auf der mittleren Schiene 35–40 Minuten lang goldbraun backen, dabei Hitze nach 5 Minuten auf 180 °C reduzieren.
9. Wenn das Brot fertig ist, aus dem Ofen nehmen und in der Form abkühlen lassen.

Brötchen

ZUTATEN FÜR 6 GROSSE BRÖTCHEN

2/3 Würfel Frischhefe (28 g oder 1 Packung Trockenhefe)
½ EL Zucker
4 MB lauwarmes Wasser
25 g Sonnenblumenöl
250 g Dinkelmehl 630
450 g Pizzamehl Type 0
10 g Salz
1 Beutel Flüssigsauerteig
Mehl zum Kneten
nach Belieben 2 EL Mohn, Sesam oder Sonnenblumenkerne

1. Für den Hefeansatz die Hefe zerbröseln und in eine Tasse geben, Zucker und 1 MB lauwarmes Wasser dazugeben, mit einem Plastiklöffel verrühren und 10 Minuten zugedeckt gehen lassen.
2. Mixbehälter bis an den Topfrand mit dem Sonnenblumenöl ausstreichen. Mehl, Salz, Hefeansatz, Sauerteig und 3 MB lauwarmes Wasser zugeben, **2 Min./Teigstufe/ohne MB** kneten, danach 1 Minute weiterkneten.
3. Teig im Mixbehälter zugedeckt 40–60 Minuten an einem warmen Platz gehen lassen.
4. Arbeitsfläche mit Mehl bestreuen, Teig daraufschütten und in 6 gleich große Stücke aufteilen. Mit den Ballen der Hand kurz Brötchen formen. Diese auf ein mit Backpapier belegtes Backblech setzen, sternförmig einschneiden (nicht tiefer als 0,5 cm), abdecken und 10–15 Minuten gehen lassen.
5. Backofen auf 250 °C Ober-/Unterhitze vorheizen.
6. Sind die Brötchen deutlich größer geworden, mit etwas Wasser besprühen und nach Belieben mit Mohn, Sesam oder Sonnenblumenkernen bestreuen.
7. Gründlich Wasser in den Ofen sprühen.
8. Brötchen in den Ofen (mittlere Schiene) geben und 5 Minuten lang backen. Dann Temperatur auf 200 °C reduzieren und etwa 15 Minuten weiterbacken, bis die Brötchen schön gebräunt sind und es hohl klingt, wenn man mit dem Finger auf die Unterseite klopft.
9. Brötchen aus dem Ofen nehmen und auf einem Gitter oder auf dem Blech umgedreht abkühlen lassen.

Dinkelbaguettes

ZUTATEN FÜR 3 GROSSE ODER 4 KLEINERE BAGUETTESTANGEN

½ Würfel Frischhefe (21 g)
1 TL Zucker
350 g lauwarmes Wasser
30 g Sonnenblumenöl
600 g Dinkelmehl Type 650 (oder 450 g Dinkelmehl Type 630 und 250 g Dinkelvollkornmehl)
1 ¼ TL Ursteinsalz
Mehl zum Kneten

1. Für den Hefeansatz die Hefe zerbröseln und in eine Tasse geben, Zucker und 100 g lauwarmes Wasser dazugeben, mit einem Plastiklöffel verrühren und zugedeckt 10 Minuten lang gehen lassen.
2. Mixbehälter bis an den Topfrand mit dem Sonnenblumenöl ausstreichen. Mehl, Salz, Hefeansatz und 250 g lauwarmes Wasser zugeben, **2 Min./Teigstufe/ohne MB** kneten, nochmals 1 Minunte lang weiterkneten.
3. Teig im Mixbehälter zugedeckt 40–60 Minuten an einem warmen Platz gehen lassen.
4. Arbeitsfläche mit etwas Mehl bestreuen. Teig daraufschütten und in 3 gleich große Stücke teilen. Teiglinge gut durchkneten, dann blechlange Stangen formen und diese auf ein mit Backpapier belegtes Backblech legen. Abgedeckt 15–20 Minuten gehen lassen.
5. Backofen auf 250 °C Ober-/Unterhitze vorheizen.
6. Baguettes je 3-mal schräg leicht einschneiden.
7. Gründlich Wasser in den Ofen sprühen.
8. Blech in den Ofen (mittlere Schiene) geben und Baguettes 5 Minuten lang backen. Dann Temperatur auf 220 °C reduzieren und 20 Minuten weiterbacken, bis sie schön gebräunt sind und es hohl klingt, wenn man mit dem Finger auf die Unterseite klopft.
9. Brote aus dem Ofen nehmen und auf einem Gitter oder umgedreht abkühlen lassen.

Tipp: Die Teigrohlinge vor dem Backen mit etwas Wasser einpinseln und mit Sesam, Mohn, Sonnenblumen – oder Kürbiskernen bestreuen. So erhält man leckere Körnerbaguettes. Sehr gut werden die Baguettes, wenn man noch 1 Beutel Bio-Sauerteig flüssig mitknetet.

Eiweissbrot

ZUTATEN FÜR 1 BROT

50 g Sonnenblumenkerne
25 g Pekannüsse
35 g Leinsamen
50 g ganze Mandeln
40 g Quinoa, gepoppt
1 EL Weizenvollkornmehl
¼ TL Steinsalz
¾ Packung Backpulver
125 g Magerquark
75 g Speisequark (20 % Fett)
2 Eier (Größe M)
2 TL Mohnsamen

Kleine Kastenbackform

1. Alle festen Zutaten in den Mixbehälter geben und **10 Sek./Stufe 6/mit MB** zerkleinern. Spateln und evtl. wiederholen.
2. Flüssigkeit des Quarks abgießen und diesen dann mit den Eiern zugeben, **2 Min./Knetstufe/mit MB** kneten, 1 Minute weiterkneten.
3. Eine Kastenform mit angefeuchtetem Backpapier auslegen, auch in die Ecken drücken.
4. Teig direkt in die Form stürzen, dabei die Konterschraube auf der Unterseite hin- und herdrehen, damit sich Teigreste besser lösen.
5. Das Brot an einem warmen Ort abgedeckt 45 Minuten ruhen lassen.
6. Mit etwas Wasser einpinseln und mit dem Mohn bestreuen.
7. Backofen 210 °C Ober-/Unterhitze vorheizen.
8. Das Brot auf der mittleren Schiene ca. 60 Minuten backen.
9. Holzspießtest durchführen: Das Brot ist fertig, wenn keine Teigreste mehr am Spieß haften bleiben, wenn man ihn mittig hineinsticht (evtl. 5–10 Minuten nachbacken).
10. Das fertige Brot aus dem Ofen holen, aus der Backform stürzen (Küchenhandschuhe anziehen) und auskühlen lassen.
11. In Butterbrotpapier eingewickelt, an einem kühlen Ort (nicht im Kühlschrank) aufbewahren.
12. Für ein großes Brot (große Kastenbackform) das Rezept zweimal ansetzen und kneten lassen, da sich sonst der Motor aufgrund des Riemenantriebs überhitzen könnte.

Rosmarin-Ciabatta

ZUTATEN FÜR 3 STÜCK

½ Würfel Frischhefe (21 g oder 1 Päckchen Trockenhefe)
½ EL Zucker
350 g lauwarmes Wasser
20 g Olivenöl + 3 EL zum Kneten
200 g Dinkelmehl Type 630
400 g Pizzamehl Type 0
8 g Salz
1 Beutel Flüssigsauerteig nach Belieben
1 ½ TL gehackter Rosmarin (frisch oder getrocknet)
Mehl zum Kneten und Bestreuen

1. Für den Hefeansatz die Hefe zerbröseln und in eine Tasse geben, Zucker und 100 g lauwarmes Wasser dazugeben, mit einem Plastiklöffel verrühren und 10 Minuten lang zugedeckt gehen lassen.
2. Mixbehälter bis an den Topfrand mit dem Olivenöl ausstreichen.
3. Mehl, Salz, Hefeansatz, evtl. Sauerteig, Rosmarin und 250 g lauwarmes Wasser zugeben, **2 Min./Teigstufe/ohne MB** kneten, 1 Minute weiterkneten.
4. Teig im Mixbehälter abgedeckt 40–60 Minuten an einem warmen Platz gehen lassen.
5. Arbeitsfläche mit Mehl bestreuen. Teig daraufschütten und in 3 gleich große Stücke teilen. Jeweils 1 EL Olivenöl in die Hand geben und jeden Teigling gut durchkneten, dann ovale Brote formen. Mit Wasser einpinseln und mit etwas Rosmarin bestreuen. Auf ein mit Backpapier belegtes Backblech setzen. Abgedeckt 15–20 Minuten gehen lassen.
6. Backofen auf 250 °C Ober-/Unterhitze vorheizen.
7. Gründlich Wasser in den Ofen sprühen.
8. Ciabatta in den Ofen (mittlere Schiene) geben und 5 Minuten lang backen. Dann Temperatur auf 220 °C reduzieren und etwa 18 Minuten weiterbacken, bis die Brote schön gebräunt sind und es hohl klingt, wenn man mit dem Finger auf die Unterseite klopft.
9. Brote aus dem Ofen holen und auf einem Gitter oder umgedreht abkühlen lassen.

Bildnachweis

S. 17, S. 19, S. 21, S. 30, S. 31, S. 36, S. 38, S. 40, S. 41, S. 44, S. 47, S. 50, S. 51, S. 52, S. 53, S. 54, S. 55, S. 57, S. 62, S. 63 o., S. 63 u., S. 67, S. 73, S. 78, S. 81, S. 83, S. 85, S. 86, S. 91, S. 92, S. 94: Charly Till; S. 10: Africa Studio/Shutterstock.com; S. 13: bozulek/Shutterstock.com; S. 15: vm2002/ Shutterstock.com; S. 16 o.: Oksana Mizina/Shutterstock.com; S. 16 u.: Nataliya Arzamasova/Shutterstock.com; S. 18: Timolina/Shutterstock.com; S. 20: stockcreations/Shutterstock.com; S. 23: Ildi Papp/ Shutterstock.com; S. 24: DarZel/Shutterstock.com; S. 25: Aneta_Gu/Shutterstock.com; S. 26: zi3000/ Shutterstock.com; S. 28: Viktor1/Shutterstock.com; S. 32: GCapture/Shutterstock.com; S. 34: belizar/ Shutterstock.com; S. 35: Karl Allgaeuer/Shutterstock.com; S. 37: Kolpakova Svetlana/Shutterstock.com; S. 43: Cesarz/Shutterstock.com; S. 45: grafvision/Shutterstock.com; S. 49: Tatiana Vorona/Shutterstock.com; S. 56: Andrew Riverside/Shutterstock.com; S. 58: Veronika Idiyat/Shutterstock.com; S. 60: Nataliya Arzamasova/Shutterstock.com; S. 61: MaraZe/Shutterstock.com; S. 64: Piotr Krzeslak/ Shutterstock.com; S. 65: AlenaKogotkova/Shutterstock.com; S. 66: AnjelikaGr/Shutterstock.com; S. 68: baibaz/Shutterstock.com; S. 69: Nataliya Arzamasova/Shutterstock.com; S. 71: Anna Hoychuk/ Shutterstock.com; S. 72: ILEISH ANNA/Shutterstock.com; S. 74: aliasemma/Shutterstock.com; S. 75: ILEISH ANNA/Shutterstock.com; S. 77: rukxstockphoto/Shutterstock.com; S. 80: nuruddean/Shutterstock.com; S. 84: Melica/Shutterstock.com; S. 87: Barbara Neveu/Shutterstock.com; S. 88: Stepanek Photography/Shutterstock.com; S. 89: gostua/Shutterstock.com; S. 90: Janet Moore/Shutterstock.com; S. 93: Vanessa Bentley/Shutterstock.com